Kaum ein Literaturgenre wird so von der Jugend geprägt wie Poetry Slam. Die Themen sind oft brandaktuell und treffen präzise den Nerv der Zeit. Text und Performance sind Ausdruck dessen, was den Autoren auf dem Herzen brennt und endlich hinaus muss. Nirgends wird das »Sich-etwas-von-der-Seele-reden« so intensiv betrieben wie beim Dichterwettstreit der Moderne. Wer schon einmal eine solche Veranstaltung besucht hat, kennt die knisternde Atmosphäre, die dabei allein durch das gesprochene Wort erzeugt werden kann. Doch so schön diese Abende auch sein mögen – sie sind vergänglich. Deswegen ist dieses Buch der Versuch, jenen Zeitgeist einzufangen, der von so vielen jungen Autoren auf der Bühne gelebt wird.

Königlich Bayerische Slam-Anthologie

herausgegeben von Pascal Simon

Bayerischer Poeten- & Belletristik-Verlag
Reichertshofen-Hög

2. Auflage
März 2018
© 2017 Bayerischer Poeten- und Belletristik-Verlag,
Reichertshofen-Hög
Umschlaggestaltung: Pascal Simon & Tizian Neidlinger
Lektorat: Daniela Plößner, Dominik Neumayr & Pascal Simon
Satz: bp-Verlag mit Pascal Simon
Text gesetzt aus der Sylfaen,
Überschriften aus der Ubuntu Condensed
Druck und Bindung: Sowa Druk, Piaseczno
Printed in Poland
ISBN 978-3-944000-18-3

> http://www.bp-verlagshaus.de/

Inhalt

Einleitung	7
Meine Superkraft	
von Pascal Simon	9
Der Schwanzvergleich der Betamännchen	
von Mattias Nemeth	15
Genug	
von Maron Fuchs	21
Die Welt ging schon unter, als wir Kinder waren	
von Daniel Hirschmann	29
Der Teufel im Detail	
von Dominik Erhard	37
Und wenn dieser Stapel Schallplatten alles ist, was bleibt	
von Paula Steiner	43
Der erste Slam	
von Davud Pivac	49
Fassaden	
von Martin Hönl	55
Gaslighting	
von Fee	61
Blumiger Stil	
von Helmuth Steierwald	71
Romeo und Julian	
von Stef	81
Die Traummischerin	
von Teresa Reichl	87
Youtube	
von Yannik Sellmann	95
Kein Rebell	
von Flo Langbein	103
Scheitern	
von Felix Kaden	111

Mathematik	
von Kevin Reichelt	117
Regenbogen	
von Steven	125
Es ist die Nacht	
von Daniela Plößner	131
Lehrerkind	
von Dominik Neumayr	137
Steinzeit	
von Tizian Neidlinger	147
Liebe in Zeiten der Pegida	
von Philipp Potthast	153
Trainee Man	
von Damiano Di Muro	161
Das letzte Versprechen	
von Sizley	169
Feiertage	
von Darryl Kiermeier	175

Einleitung

Sehr geehrter Leser,
ich freue mich, Sie hier in diesem Buch begrüßen zu dürfen. Mein Name ist Pascal Simon und ich werde Sie durch das nachfolgende Literaturerlebnis begleiten. Befänden wir uns auf einem Poetry Slam und nicht in ihrem Wohnzimmer, in der Bahn, auf der Toilette, oder wo auch immer Sie dieses Buch lesen, dann wäre ich ein Moderator. Als solcher wäre es meine Aufgabe, das Publikum auf das Kommende vorzubereiten, indem ich die Regeln erkläre, die Teilnehmer vorstelle und die Jury auswähle. Außerdem müsste ich mich im Vorfeld um alles Organisatorische kümmern, eine geeignete Räumlichkeit finden, Poeten anfragen und Werbung machen.
Nun ist es in diesem Fall etwas anders: Ich bin nicht Moderator, sondern Herausgeber. Da hören die Unterschiede aber auch schon wieder auf. Dieses Buch soll möglichst nah am Erlebnis eines ›echten‹ Poetry Slams bei Ihnen in der Kneipe um die Ecke oder dem nächsten Theater sein. Als erstes möchte ich mich beim bp-Verlag dafür bedanken, dass uns diese wundervolle ›Räumlichkeit‹ zur Verfügung gestellt wird. Einen Applaus kann ich an dieser Stelle von Ihnen wohl nicht verlangen, aber ein anerkennendes Nicken wäre schön.

Was natürlich nicht fehlen darf, ist das Erklären der Regeln: Beim Poetry Slam darf jeder auf die Bühne, der einen Text geschrieben hat. Dabei ist es völlig egal, welche Form oder welchen Inhalt dieser Text hat oder auf welche Weise er vorgetragen wird. Es geht nur darum, dass er vom Vortragenden selbst verfasst wurde und der Vortrag ein Zeitlimit von etwa sechs Minuten nicht überschreitet. Der Einsatz von Requisiten ist ebenso untersagt, aber das ist in diesem Buch auch nicht möglich. Normalerweise gäbe es noch eine Jury, die den Gewinner des Abends kürt. Das dürfen Sie in diesem Falle ganz alleine entscheiden.

Es erwartet Sie also eine bunte Mischung an Themen und Stilen in den folgenden Texten. Nur eine Gemeinsamkeit haben die vertretenen Autoren: Sie sind jung und aus Bayern. Um Ihnen ein Bild der Menschen zu vermitteln, die hinter diesen Texten stehen, habe ich jeweils eine kleine Anmoderation verfasst. Damit wäre dann alles gesagt und mir bleibt nur noch eines zu tun: Ihnen nach guter Slam-Tradition mit einem eigenen Text ein Beispiel zu geben, bevor wir dann gemeinsam in den Abend, beziehungsweise die Anthologie, starten.

Meine Superkraft

Ich möchte euch ein bisschen von meinem Leben als Tagträumer erzählen.

Neulich zum Beispiel war ich in der Fußgängerzone, als ich im Kopfsteinpflaster einen Stein entdeckte, der gut zwei Zentimeter über die anderen hinausragte.

Als ich wieder nach oben sah, erblickte ich eine Frau. Etwa mein Alter, gute Figur, freundliches Lächeln. Ihre Einkaufstaschen sahen so aus, als hätte sie Geld, also genau mein Typ. Doch statt zu überlegen, wie ich sie ansprechen könnte, malte mein Kopf folgendes Bild:

Sie geht weiter auf mich zu, unsere Blicke treffen sich, ich lächle, sie lächelt, ich wende verlegen den Blick ab, auch sie guckt kurz weg, doch dann sehen wir uns beide gleichzeitig wieder an und oh, ist das romantisch. Aber weil sie während dieser ganzen Herumblickerei keine Augen mehr für den Boden hat, bleibt sie bei ihrem nächsten Schritt genau an dem Stein hängen, der da zwei Zentimeter herausragt.

Sie fällt nach vorne, doch ich habe das natürlich kommen sehen und bin in zwei Schritten so schnell bei ihr, dass ich sie einfach fangen und mit meinem beachtlichen Bizeps wieder aufrichten kann.

Na gut. Unwahrscheinlich. Ein anderes Bild:

Sagen wir, sie fällt nicht direkt hin, sondern stolpert nur kurz, aber vor Schreck reißt sie die Arme nach oben, sodass all ihre neuen Klamotten durch die Luft fliegen und in einen Haufen Hundekot fallen könnten.
Um dieses Unglück zu verhindern, reagiere ich blitzschnell. Ich berechne anhand von Windgeschwindigkeit, Luftdruck und -feuchtigkeit die Flugbahnen aller Gegenstände über mir, schnappe dann als Erstes die Plastiktüten aus der Luft, vollführe eine elegante Drehung und fange dabei in einer komplizierten Choreographie alle Kleidungsstücke so ein, dass sie wieder sauber gefaltet in den Taschen liegen.
Oh oder so richtig filmreif:
Sie stolpert nur kurz und bevor sie weiß, wie ihr geschieht, stehe ich vor ihr, spanne einen Regenschirm auf, wo auch immer der herkommt, ziehe sie an mich heran und es beginnt zu regnen.
Sie sagt: »Oh!«
Ich sage: »Hallo!«
Im Hintergrund spielt ein Streichorchester, wo auch immer das herkommt. Das Stimmengewirr und auch alle anderen Geräusche um uns herum verschwinden plötzlich. Wir sehen uns tief in die Augen und küssen uns. Ende.
So läuft das bei mir ab. Und während das alles in Sekundenbruchteilen durch meine Gehirnwindungen jagte, sah ich völlig regungslos der Frau meiner

Träume dabei zu, wie sie ahnungslos weiter auf diesen Stein zulief.
Tatsächlich kreuzten sich unsere Blicke kurz und ich versuchte so etwas wie ein Lächeln, sie blickte irritiert zur Seite, nur noch wenige Meter und sie würde vielleicht wirklich gleich stolpern und vor mir auf den Boden segeln und es wäre mega peinlich, doch da: Sah sie die 20%-Aktion bei Orsay und bog einfach in den Laden ab.
Passiert war eigentlich gar nichts.
Genau genommen passiert mir nie etwas. Ich denke mir nur immer die krassesten Sachen aus und währenddessen zieht das echte Leben an mir vorbei.
In solchen Situationen wünsche ich mir oft, ein Superheld zu sein. Meine Superkraft wäre dann, dass mir all das passiert, was ich mir ausgemalt hab. Das wäre ein Leben. Meine Probleme lösen sich von selbst, ich bekomme alles, was ich will. Für einen Tagträumer wie mich wäre es das Paradies. Aber ich schweife schon wieder ab.
Zurück im echten Leben bin ich dann mit dem Bus nach Hause gefahren. Mir gegenüber sah ich eine ältere Dame, die ungewöhnlich weit vorne auf ihrem Platz saß und es war natürlich der Platz, an dem vorne kein Griff zum Festhalten war, keine Stange, nichts. Auch dieses Mal ratterten wieder hunderte Bilder durch meinen Kopf:
Der Bus bremst stark an einer roten Ampel. Nein, eine Vollbremsung, weil ein Kind auf die Straße

läuft! Alle schaffen es noch sich rechtzeitig festzuhalten, bis auf besagte Dame. Sie rutscht von der Kante des Sitzes, fällt auf den Boden und bricht sich die Hüfte.

Halt, nein. Das ist nicht gut. Ich habe das natürlich kommen sehen. Der Bus bremst und ich springe von meinem Platz auf, um sie aufzufangen. Doch die Bremskräfte wirken auch auf mich, ich bin zu langsam, die Frau rutscht von ihrem Sitz und bricht sich die Hüfte.

Mist, was ist da los? Okay, etwas anderes: Ich stehe auf, noch kurz bevor der Bus bremst, laufe in ihre Richtung, der Bus bremst, ich falle nach hinten um und breche mir die Hüfte. Nein, das ist auch nicht gut.

Ich rufe der Frau einfach zu, sie solle sich festhalten, sie schaut verwirrt, der Bus bremst, sie rutscht von ihrem Sitz und bricht sich die Hüfte. Verdammt nochmal, was stimmt denn da nicht? Ich kann doch nicht diese Oma hier auf dem dreckigen Fahrzeugboden zerschellen lassen.

In der Zwischenzeit war der Bus zum Stehen gekommen und plötzlich stand die Frau meiner Alpträume einfach auf und stieg seelenruhig aus. Passiert war eigentlich gar nichts. Genau wie kurz zuvor.

Doch diesmal wünschte ich mir nicht, dass ich eine Superkraft hätte, mit der alles wahr wird, was ich mir denke. Nein, ich bin direkt froh, dass niemals etwas genau so passieren wird, wie ich es mir ausmale.

Sonst würden echt seltsame Dinge passieren. Wenn ich diesen Gedanken so weiter spinne, komme ich ins Grübeln. Wenn alles, was ich so tagträume niemals wahr wird, dann habe ich ja gewissermaßen die alte Frau davor bewahrt, sich die Hüfte zu brechen. Hätte ja wirklich passieren können. Genau wie die junge Frau tatsächlich hätte stolpern können. Was sie aber nicht getan hat, weil ich es mir vorgestellt habe.

Dann habe ich ja doch eine Superkraft!

Ja, ich bin *Captain Not Gonna Happen*!

Das ergibt Sinn. Gut, es bedeutet zwar, dass meine Träume niemals in Erfüllung gehen, aber wenn es gleichzeitig verhindert, dass eure Alpträume wahr werden, dann ist es das wert.

Natürlich ist diese Superkraft nicht ganz so beeindruckend, wie Klingen aus seinen Fäusten kommen zu lassen, oder Laserstrahlen aus seinen Augen zu schießen, aber hey – wer braucht so etwas auch schon? Im Alltag ist das eher noch unpraktisch.

Mir reicht auch eine kleine Superkraft.

Und ich denke, jeder von uns hat da seine ganz eigene. Wir müssen nur herausfinden, wofür sie gut ist.

Was ist deine?

Mattias Nemeth

Sein Publikum zum Lachen oder Nachdenken oder beides gleichzeitig bringen – das möchte Mattias mit seinen Texten erreichen und genau dafür geht er auf die Bühne. Zu seinem ersten Poetry Slam in Würzburg wurde er von Freunden mitgenommen und war von Anfang an begeistert. Bald machte er das Schreiben vom Hobby zum Beruf und arbeitet jetzt als Werbetexter in der Nähe von Augsburg. Dort ist er auch nach wie vor auf Slams anzutreffen, sowie regelmäßig in ganz Bayern, oder auch in Österreich. Im Zuge einer 90-Tage-Schreib-Challenge, die ich mir selbst auferlegt hatte, konnte ich Mattias anstecken, selbst auch eine solche Challenge zu absolvieren. Was wir dabei alles geschafft haben!
(Wird nicht verraten ...)

Der Schwanzvergleich der Betamännchen

Ich nahm meinen ganzen Mut zusammen und fragte sie, ob sie mit mir ausgeht. Sie sah mich daraufhin an, als hätte ich sie um eine ihrer Nieren gebeten. Natürlich bekam ich danach einen Korb. Außerdem machte sie mir klar, dass sie frühestens in einem Jahr wieder Kontakt wollte. Ich konnte es nicht verstehen. Ich hatte jedes verdammte Flirtbuch gelesen, hatte mit ihr Salsa getanzt und mir dieses teure Parfüm aus der Werbung gekauft, das angeblich jede Frau beim ersten Atemzug feucht werden lässt. Aber wahrscheinlich funktioniert das nur, wenn man auch so einen Werbemodel-Körper hat.

Ich weiß ja, man sollte sich nicht vergleichen, schließlich gibt es sogar Gegenstände, die öfter Sex mit Frauen haben als ich. Aber wenn ich mich mit den Typen aus diesen Deo- und Parfüm-Werbespots vergleiche, dann ist die einzige Gemeinsamkeit, dass ich auch etwas zwischen den Beinen baumeln habe.

Ich glaube, als Gott mich schuf, dachte er sich ›Das wird lustig‹ und ›Der hält nicht lange‹. Anders kann ich es mir nicht erklären, dass man alle Harry Potter Bände zusammen schneller gelesen hat als meinen Allergiebogen. Außerdem wurde ich mit dem Special-Feature Asthma ausgestattet. Da aber so ein normales Asthmaspray noch nicht ausreicht, um jegliche

Restmaskulinität zu zerstören, ist meines – wie sollte es anders sein – pink.

Dazu kommt, dass ich kein Händchen für Frauen habe. Was unter anderem daran liegt, dass ich meiner Mutter geglaubt habe, als sie sagte: »Frauen stehen auf Männer, die tanzen, kochen, backen und Frauen bei ihren Problemen helfen.« Zusätzlich gefallen mir romantische Komödien besser als Actionfilme, ich mag Bücher und hasse Fußball.

Was oft dazu führte, dass Frauen, denen ich an die Wäsche wollte, mich zum asexuellen besten Kumpel ernannten oder mich gleich mit den Worten ›Du bist wie ein Bruder für mich‹ ganz aus dem möglichen Genpool entfernten. Außer auf dem Dorf.

Wegen dieses Handicaps habe ich auch schon Folgendes zu hören bekommen: »Heute machen wir Mädelsabend, kommst du mit?« oder »Ich habe genug von Männern, gut dass du da bist« und »Es müsste Männer geben wie dich, dann wäre die Liebe leichter«.

Meine Schulbildung bot mir auch keine pädagogische Hilfe. Ich lernte rein gar nichts über den Umgang mit dem anderen Geschlecht. Mal abgesehen von Bienchen und Blümchen. Aber das hat mich mehr verstört, als es mir geholfen hat. Denn ich hatte auch schon vorher in Biologie aufgepasst und wusste daher, dass Bienen nicht ihren Stachel in die Blume stecken und sie poppen bis der Blütenstaub spritzt. Nein, Bienen klettern in Blumen, um aus ihnen zu trinken und der Samen bleibt an ihrem haarigen Körper hängen, bis sie zur nächsten Blume fliegen. Erschwerend kommt noch hinzu, dass Bienen sofort qualvoll sterben, wenn sie zustechen, weil ihnen dabei der Stachel herausgerissen wird. Nun lasst uns dies einmal auf den menschlichen Paarungsakt übertragen.

Meine Verzweiflung wurde so groß, dass mir sogar von Facebook zielgeschaltete Werbung von Gummipuppen angezeigt wurde. Tinder war auch ein riesiger Reinfall. Wer Tinder nicht kennt: Das ist eine Smartphone-App bei der man potenzielle ONS, Dates und Ähnliches entweder nach rechts wischt für ›Boah, geil« oder nach links für ›Fuck, nein‹. Wenn beide Parteien ›Boah, geil‹ gewischt haben, gibt's einen Treffer und man kann sich verabreden. Ich hatte Schwielen an den Händen vom nach rechts Wischen. Nachdem ich ganz Augsburg und München durchgewischt hatte, hatte ich genau ein Match und zwar mein eigenes Fakeprofil.

Nach dieser Enttäuschung wollte ich mich mit Musik ablenken. Doch anhand meines Musikgeschmacks schlägt mir Spotify folgende Stimmungs-Playlists vor: ›Forever alone‹, ›Life sucks‹ und ›Melancholie‹. So Unrecht hat Spotify da gar nicht. Ich habe noch nie Sprüche wie: ›Wenn das Leben dir Zitronen gibt, frag nach Salz und Tequila‹ verstanden.

Mein Motto ist eher ›Wenn das Leben dir in den Kaffee scheißt, machst du auch keinen Chococino mehr daraus‹.

Aber vielleicht ist genau dies der ausschlaggebende Punkt. Wieso sehe ich mich eigentlich selbst als wandelnde Problemzone? Wenn mich schon kein anderer ›Boah, geil‹ findet, warum mache ich dann nicht einfach den Anfang und wische mich selbst nach rechts? Ich will sowieso nicht wie jeder sein. Schließlich habe ich mir nicht umsonst 27 Jahre lang Macken, Verrücktheiten und Meinungen angeeignet, um mich der grauen Masse anzupassen. Ich bin kein klischeehafter Mann, kein Werbemodel, aber ich bin verrückt und habe Persönlichkeit. Das Problem ist, dass wir unser Selbstbild mit dem messen, was uns Photoshop und die Medien vorzeigen.

Dove hat dazu vor ein paar Jahren ein Experiment gemacht. Ein Phantombildzeichner hat von einer Person zwei Bilder angefertigt. Eines entstand aus der Beschreibung der zu zeichnenden Person selbst und das zweite aus der Beschreibung von Freunden und Bekannten. Das Portrait aus der Selbstbeschreibung sah meist aus wie eine Mischung aus einem Höhlentroll und der Mutter aus den ›Deine Mudda‹-Witzen, wogegen das zweite Bild immer hübsch war. Wir dürfen uns nicht fertig machen, weil wir nicht aussehen wie gephotoshopt.

Wichtig ist, dass wir lernen, uns selbst zu mögen. Wir müssen uns von medialen Abzieh-Männchen-

Schablonen verabschieden und das Beste aus uns machen. Das Beste heißt, wir müssen uns selbst wohl fühlen und dann funktioniert auch alles andere. Ich habe mich selbst so akzeptiert, wie ich bin. Ich gehe sogar noch weiter und sage: Ich gefalle mir selbst. Soll ich euch noch was sagen? Nach einem Jahr meldete sich Luisa, die Frau vom Anfang, tatsächlich wieder bei mir. Heute ist sie meine beste Freundin. Aber ich bin kein Friendzone-Opfer mehr, sondern habe eine wundervolle Verlobte an meiner Seite. Ich würde sagen: Läuft hart bei mir.

Wenn ich nicht von einem Zehnjährigen aufgeklärt worden wäre, dass ich – Zitat: ›Zu alt für diesen Scheiß‹ wäre. Aber dafür gibt es ja Anti-Falten-Creme. Ich habe da diese eine aus der Werbung. Die mit diesem Kerl, auf den dann alle junge Frauen …

Ach, lassen wir das.

Maron Fuchs

Ist es ein Kolibri? Ist es ein Wirbelwind? Nein, es ist Maron Fuchs, die da über die Bühne fegt. Die Geschwindigkeit, mit der sie ihre Texte vorträgt, sucht ihresgleichen. Abseits der Slambühne lässt sie es allerdings gerne mal ruhiger angehen, beispielsweise bei Lesungen aus einem ihrer Jugendromane. Die gebürtige Weidnerin sagt jedoch, trotz ihrer umfangreichen Autorentätigkeiten werde das Schreiben immer ein Hobby bleiben. Ihr Traumberuf ist und bleibt Lehrerin. Daher hat es sie zum Studium nach Bamberg verschlagen, wo sie auch ihren ersten Slamauftritt hatte. Unterwegs war sie seitdem hauptsächlich in Franken, möchte aber zu gegebener Zeit auch außerhalb von Bayern auftreten und ihrem liebsten Hobby frönen – für das gute Gefühl auf der Bühne zu stehen und mit ihren Texten, die von Herzen kommen, dem Publikum etwas mitzugeben.

Genug

Ich sitz im McDonald's
Es ist drei Uhr in der Nacht
Ich hab mir mit Freunden
Einen schönen Abend gemacht
Dann hatten wir Hunger und zu unserem Glück
Gibts auch um diese Zeit noch was zu essen
Zwar nur Scheiße, aber nachts ist man
Nicht zu wählerisch, Hunger würde nur stressen
Und wir haben doch alle schon genug Stress
Ob in Schule, Uni, Arbeit oder wo auch immer
Hungrig wäre der Stress doch nur schlimmer
Also ignorieren wir großzügig
Woraus unser Essen besteht
Während eine Menge Leute nach der anderen
Im Lokal ein und aus geht
In Unterhaltungen vertieft
Darüber, dass sie genug hatten
Genug gegessen, getrunken, getanzt, gefeiert
Wobei meistens jemand
Seine morgige To-do-list runterleiert
Denn jeder hat mehr als genug zu tun
Man kommt kaum noch dazu sich auszuruhen

Da reißt mich ein Kumpel
Aus meinen Gedanken mit seiner Frage
Ob ich genug hatte

Und mich wieder ins Nachtleben wage
Und ja, ich habe genug
Mir stehts sogar bis hier
Vielleicht spricht da die Müdigkeit
Oder das letzte Bier aus mir
Aber verdammt!
Bei mir hat sich so viel Frust gehäuft
Weil ich jeden Tag merke
Dass so viel schief läuft
Allein eben hat mich das Pommesessen gequält
Denn innerlich hab ich Kalorien gezählt
Und ich dachte mir:
»Puh, so viel Fett, so ein ungesunder Mist.«
Dabei sollte es keine Qual sein
Wenn man etwas gerne isst!

Ich hab genug davon
Einem falschen Ideal zu unterliegen
Ich hab genug davon
Mich wegen untergewichtiger Models
Zu verbiegen
Ich hab genug davon
Unrealistische Maßstäbe an mich zu setzen
Ich hab genug davon
Mich selbst deshalb gegen mich aufzuhetzen
Manchmal sind Pommes, Pizza, Chips
Oder Schokolade halt die erste Wahl
Und statt bis zu den Knochen zu hungern
Bleibe ich lieber dreidimensional

Denn ich hab genug davon, als moderne Frau
Klug, superschlank und perfekt sein zu sollen
Ich hab genug davon, dass von mir erwartet wird
Ich würde solche Erwartungen wollen
Ich hab genug davon
Wie eine Maschine zu funktionieren
Denn bei jedem, der ein Herz in der Brust hat
Wird das so nie passieren
Menschlichkeit heißt nun mal Imperfektion
Chaos, Erfolg und Versagen
Ich hab genug davon, den Anspruch
Des modernen Multitalents als Last mit mir zu tragen
Das hart arbeitet, eine Familie gründet
Immer charmant ist, auf lange Sicht
Denn bei aller Liebe
So perfekt bin ich nicht

Ich hab auch genug davon, aus Höflichkeit
Zu lügen, um falschen Frieden zu konstruieren
Denn ich seh keinen Mehrwert darin
Mich unter Arschlöchern zu verlieren
Ich hab genug davon
Mich mit toxischen Personen zu umgeben
Weil ich nicht wage, ihnen zu sagen:
»So jemanden brauch ich nicht im Leben«
Ich hab genug davon, von manchen ›Freunden‹
Mit ihrer ganzen Scheiße beladen zu werden
Ununterbrochen als austauschbarer
Kummerkasten zu agieren

Ich hab genug davon, so zu tun
Als würde mich das nicht tangieren
Ich hab genug davon
Immer ein Lächeln zu zeigen
Ich hab genug davon
Unangenehme Wahrheiten zu verschweigen
Ich hab genug davon, mich mit Fernsehen
Und YouTube ins Delirium zu gucken
Und niemandem mehr
in die Suppe zu spucken

Im Gegenteil, ich will stänkern und zwar nicht nur
Über die Arbeit oder übers Wetter
Denn ich bin sicher
Wären die Leute ehrlich unfreundlich zueinander
Wäre die Welt deutlich netter
Als wenn alle höflich lächeln
Höflich lügen und dann lästern
Hinterhältig hart
Ich hab genug von dieser falschen Art
Denn lieber ein ›Du kotzt mich an!‹
Direkt ins Gesicht
Als ein ›Ach, ich mag dich!‹
Im Sinne von ›überhaupt nicht‹
Ich finds voll okay
Wenn sich Menschen hassen
Solang es am Charakter liegt
Und nicht an Religionen oder Rassen
Ich hab genug von Rassismus sowie Populismus

Ich hab genug von Hetze ohne Fakten
Nur nach Gefühl
Denn der Ausländerhass
Wird mir in Deutschland zu viel
Ich hab genug davon, dass geschossen, bekämpft
Und vertrieben werden soll
Wegen Sozialneid von besorgten Massen
Es wäre so einfach:
Leben und leben lassen

Wo ich gerade dabei bin
Ich hab genug von Dummheit und fehlendem Hirn
Ich hab genug von diesem Hallen
Hinter manch einer Stirn
Ich hab genug davon
Dass einige Leute ernsthaft denken
Von allem eine Meinung zu haben, hieße auch
Sie hätten Ahnung von der Sache
Ich hab genug davon, mich schlecht zu fühlen
Wenn ich über diese Blödheit lache
Wobei ich manchmal befürchte
Dass ich statt zu lachen eher breche
Ich hab genug davon
Dass ich aus Höflichkeit zu selten widerspreche
Ich hab genug davon
Dass die meisten Klugen schweigen
Denn das Schweigen ist unerträglich laut
Während die dumme Minderheit
Ungehindert Scheiße baut

Ich hab genug davon
Dass manche diese Scheiße ›Alternative‹ nennen
Denn wenn das die Alternative ist
Bleibt eigentlich nur wegzurennen
Ich hab auch genug von der Arroganz, die manche
Mit ekelhafter Selbstverständlichkeit zeigen
Anstatt einfach mal dezent zu schweigen

Ach? Du hast abgenommen, bist erfolgreich, hast Kontakte, jeder liebt dich, und obwohl du ganz, ganz viel Stress hast und unter dem Wetter leidest – immer diese Migräne – kriegst du alles super auf die Reihe, denn du strengst dich ganz doll an?

Boah, wie schön für dich
Halt einfach mal die Fresse, Mann
Ich hab genug davon
Dass solche Leute ihre Meinungen raus posaunen
Und andere erniedrigen
Um sich größer zu machen, als sie eigentlich sind
Denn dass sie die Wahrheit da biegen
Erkennt man auch blind
Scheiße, ich hab genug
So was von genug, von all diesen Dingen
Und dieser Selbstgerechtigkeit
Ernährungsnazis, Hater, Lügner
Idioten, Narzissten, sie kosten mich nur Nerven
Und wertvolle Zeit
Darum hab ich genug davon

Mir auf die Zunge zu beißen
Stattdessen will ich endlich
Den Mund aufreißen
Und ohne sinnlos zu versuchen
Mit solchen Menschen zu argumentieren
Werd ich dann einfach ohne höfliches Lächeln
Keine Zeit mehr verlieren
Sondern ehrlich sagen, aus tiefstem Herzen
Denn ich behalts nicht mehr für mich:
»Fick dich.«
Und dann setz ich mich
Zu meinen echten Freunden
Und bestelle 'ne Portion Pommes
Die groß genug ist, um satt zu werden
Denn ich bin nicht perfekt
Aber perfekt genug

Daniel Hirschmann

Es war einmal vor langer Zeit an einem gar magischen Ort. Da dachte ein Knabe bei sich: »Naja, was soll schon schief gehen?« und meldete sich beim Poetry Slam an. Na gut, es war 2012 in Amberg. Der Knabe war Daniel und was er genau dachte, als er sich anmeldete, kann ich jetzt auch nicht sagen. Aber darum geht es auch nicht. Es geht darum, eine Geschichte zu erzählen. Am besten sollte sie auch noch eine Botschaft vermitteln, findet Daniel. Für ihn ist das Schreiben eine willkommene Ablenkung vom Alltag oder eine Gelegenheit, um Erlebnisse aufzuarbeiten. Wenn er dann auch noch andere damit begeistern kann, ist er schon zufrieden. Durch Poetry Slam habe er viele interessante Menschen kennengelernt, sagt er. Nicht zuletzt sicherlich durch seine Tätigkeit im Moderatorenteam des Amberger Slams, der gefühlt öfter umgezogen ist, als ich dort aufgetreten bin und ich bin oft dort aufgetreten. Aber so wider die Umstände auch sein mögen, Daniel wird immer dafür kämpfen, dass Poeten aus Nah und Fern hier vor ein interessiertes Publikum treten können.

Die Welt ging schon unter als wir Kinder waren

»Wir waren klein und unschuldig«, fängst du an zu erzählen als du an deinem Latte Macchiatto nippst.
»Das kannst du nicht vergleichen! Ich meine sieh dir die Welt an. Die USA wählt einen Wahnsinnigen zum Präsidenten, in Deutschland erlangt eine fremdenfeindliche Partei große Sympathie, Leute werden ausgebeutet und quasi nicht für ihre Arbeit bezahlt. Als wir klein waren, war noch alles gut.«

Ich trinke einen Schluck von meinem schwarzen Kaffee und verliere mich kurz in der Wanddeko aus Echtholz. Ist das da eine Eule? Diese Maserung sieht aus wie eine Eule. Aber sie sieht ein bisschen traurig aus. Verstehe ich. Bei den Temperaturen guckt doch jeder depressiv.
Es ist übrigens November zum Zeitpunkt dieses Gespräches, also solltet ihr das hier im Sommer lesen, dann ...
Ja dann könnt ihr gerne weiter eure schicken Cocktails trinken und euch amüsieren. Mir ist jedenfalls scheißkalt.

»Dani? Hallo?«
»Eulen hassen Winter.«

Manchmal machen sich meine Freunde Gedanken darüber, ob ich ein klein wenig autistische Züge habe, wenn ich nach meinen Tagträumen solche Sätze preisgebe.
»Entschuldige Liebes, ich bin abgeschweift. Und ja, du hast recht, die Welt ist gerade scheiße. Das ist dir aber hoffentlich nicht erst jetzt klar geworden?«
»Nein, natürlich nicht, aber ich muss in letzter Zeit immer daran denken, wie schön alles war, als wir noch kleine Kinder waren. Haben den ganzen Tag draußen gespielt und uns nicht geziert mal dreckig zu werden.«
Ich schaue auf ihre Schuhe. Frisch geputzt. Designer Stiefel von – ihr erwartet doch nicht von mir, dass ich weiß, wie diese Marken heißen. Das Logo besteht aus einem L und einem V. Also sind sie wohl von Lollipopp Vogelstrauß. Meine Schuhe: Dreckig. Vermutlich Sneaker, die ich mal billig irgendwo erworben habe. Muss aber Jahre her sein.

»Und du hast immer so lustige Grimassen gemacht. Ich weiß noch, wie oft ich beim Lachen vom Baum gefallen bin.«
Ich glaube heute klettert sie nicht mehr auf Bäume. Ich nippe an meinem Kaffee. Sie an Ihrem Moccacino. Ich weiß, dass es vorhin ein Latte Macchiato war, aber ich hab gerade entschieden, ein Moccacino klingt übertriebener. Das Letzte worauf sie doch geklettert ist, ist auf die Karriereleiter.

»Wie war dein Meeting, Liebes?«
»Unglaublich stressig!«
»Wie die Letzten auch?«
»Ja, ist gerade ein bisschen hart in der Firma, aber das wird schon!«
Natürlich denkt sie an die Vergangenheit. Wenn man einmal im Erwachsenenleben angekommen ist merkt man doch, wie für den Arsch das alles ist. Rechnungen zahlen, Essen selbst besorgen und kochen. Arbeiten, um noch mehr Geld zu haben, das man dann wieder für Rechnungen ausgeben kann. Mehr Arbeiten, um Urlaub nehmen zu können, um noch mehr Rechnungen anzuhäufen, für die man dann wieder mehr arbeiten muss.
Es ist irgendwie ironisch, wie wir heute nicht von einem Alexander dem Großen oder einem dieser großen Herrscher regiert werden, sondern von einem wertlosen, kleinen Stück Papier, das mit dem simplen Vorgang des Bedruckens zum Herrscher der Welt wird.
Ich nippe an meinem Kaffee und stelle mir vor, wie ein Geldschein verkleidet als König auf einem Thron sitzt. Das Bild hängt dann überall. So wie diese komischen Additionszeichen, an denen dieser magere Junge hängt.

»Dani?«
»Jesus würde viel cooler auf einem Thron aus Dornen aussehen!«

»Abgeschweift?«

»Ja, entschuldige Liebes! Du hast von früher erzählt?«

»Naja, ich mein ja bloß, unsere Eltern haben es immer geschafft uns Essen auf den Tisch zu stellen. Und die haben sich immer geliebt! Die haben alles durchgestanden. Egal was kam. Heute wirft doch jeder seinen Partner wegen Kleinigkeiten in den Müll!«

Ich gehe im Kopf kurz durch, wie viele Ex-Freunde es dieses Jahr bei ihr waren. Und jetzt die Zahl, wie viele sie davon wegen nichts verlassen hat. Ich werde keine Zahlen nennen, nur darüber nachdenken, ob sieben genau soviel ist, wie sieben.

Ich nippe an meinem Kaffee. Ich tu mir das einmal die Woche an. Sitze hier mit ihr. Trinke Kaffee, während sie sich ihren Pumpkin Spiced Latte reinzieht und höre ihr zu, wie sie über die Arbeit schimpft. Neuerdings ist halt früher alles besser gewesen. Da ist sie auch bestimmt die Erste, die darauf gekommen ist. Sie sollte ein Buch schreiben:

›Belanglose Scheiße, die man immer wieder hört!‹

Die Top 5:

- Früher war alles besser
- Ich überbrücke nur die Zeit zwischen zwei Jobs
- Ich hab ja auch mal gekifft
- Mein Kind ist das Süßeste
- Ich bin Veganer

»Dani?«

»Sorry, ich überbrücke gerade die Zeit zwischen zwei Kindern!«

»Du schweifst heute bedenklich häufig ab. Alles gut?«
»Jaja, alles gut.«
»Ist es wegen ihr?«
»Nein, sie hat gar nichts damit zu tun. An sie denk ich schon gar nicht mehr. Können wir das Thema lassen?«
»Klingt ja nicht so, als ob du nicht an sie denkst!«
»Du warst bei unserer Kindheit?«
»Okay. Also ich mein ja nur, die Welt hat sich ziemlich verändert!«
»Nichts hat sich verändert! Wir fangen nicht auf einmal an Atomschutzbunker zu bauen. Und weißt du auch warum? Weil die USA nicht zum ersten Mal einen Wahnsinnigen zum Präsidenten gemacht hat. Weil in Deutschland nicht zum ersten Mal eine fremdenfeindliche Partei sympathisiert wird. Weil Leute schon immer ausgebeutet werden! Nestlé gibt es immerhin nicht erst seit gestern!
Liebes, die Welt ging schon unter als wir Kinder waren und sie wird noch untergehen, wenn unsere Kindeskinder mal Kinder waren. Das einzige, was sich seit damals verändert hat, sind die Kinder, die jetzt keine Kinder mehr sind. Also ich muss dann mal los, nächste Woche um dieselbe Zeit? Dann kannst du mir von deinem nächsten schlimmen Meeting erzählen.«
Ich gehe nach draußen. Warum denkt sie an die Kindheit zurück? Ich denke momentan nicht an die Kindheit. Sondern an ein Wochenende in Berlin,

einen Nachmittag am See und den ersten Matthias Schweighöfer Film, den ich nicht gehasst habe. Es duftet nach Rosmarin, Sandelholz und Muskatnuss. Papierschiffchen versenken, das wäre es jetzt ...

Dominik Erhard

Dieser Mann trat zwei Tage vor seinem 17. Geburtstag erstmalig bei einem Poetry Slam auf. Was danach geschah, ist unglaublich. Naja, zumindest sagt er über sich selbst, dass es eine der besten Entscheidungen seines Lebens war und es wohl bedeutend anders verlaufen wäre, hätte er sich damals nicht mit zittriger Handschrift in die offene Liste eingetragen. Für Dominik geht es beim Slam vor allem darum herauszufinden, ob das, was er sagt, auch so bei den Leuten ankommt, wie er es meint. Daher probiert er sich gerne aus und versucht die Dinge, die in seinem Kopf herumspuken, einem Publikum verständlich zu machen. Wer selbst mehr als einmal Teil eines Slampublikums war, der weiß, dass es immer Unterschiede gibt und mal der eine Witz besser ankommt als ein anderer. Eine Herausforderung, der sich Dominik daher gerne stellen würde, ist vor eher ungewöhnlichen Hörerschaften aufzutreten, wie z.B. im Bundestag oder in einem Gefängnis. Davor werde ich mit ihm jedoch ausführlich den korrekten Plural von Publikum diskutieren. Er bedient sich aushilfsweise der lateinischen Form ›Publika‹.
Ich tendiere zu ›Publikumse‹.

Der Teufel im Detail

Wenn du nach den ersten beiden Packungen Chips
die dritte nicht mehr aufkriegst,
weil deine Finger zu fettig sind.
Wenn der Automat deinen Schein nicht nimmt.
Wenn, nachdem er ihn endlich doch genommen hat,
jetzt das Bueno in der Spirale steckt.
Wenn dir des Nachbars Pudel gern des Pudels
wahren Kern zeigt, indem er dir jeden Tag
ein Häufchen vor die Türe kackt.

Dann weißt du, dass der Teufel heute im Detail, in
den kleinen Dingen steckt.
Doch das war nicht immer so.

Früher da regierte der Teufel mit dem Bösen als
Peitsche, geißelnd gar den Weltenlauf.
Brachte Leid, brachte Trauer,
brachte Böses über die Menschen.
Konnte Pest streuen und Schiffe versenken.
Er erfand das Rad, ja –
aber nur um Menschen zu rädern.
Er war der Überflieger alles Bösen,
mit Teer und mit Federn.

Doch heute muss er gestehen, dass die Menschen
ihm die Arbeit gestohlen haben.

Sie sind sich selbst der größte Feind.
Was soll man als Herrscher der Unterwelt auch tun,
wenn der eine dem anderen selbst den Garaus macht.
Wenn der Mensch von sich aus das Fegefeuer entfacht,
um das Geld mit vollen Händen zu verbrennen
und sich diese Idioten die Brandmarken selbst einbrennen,
indem sie sagen:
»Du Muslim, du Christ,
du Chauvi, du Feminist(Sternchen)-in,
du kommst hier nisch rin!
Da isch ne Grenze!«

Und so änderten der Teufel und seine Hell-Crew die Strategie. Ab nun war der Plan, sich auf die kleinen Dinge des Lebens zu konzentrieren, diese richtig schwer zu machen und sich auf die Details zu fokussieren.

Das erste Projekt war es, Rentnern ab jetzt immer Unmengen von Kleingeld zu zaubern.
In sämtliche Taschen und das Portemonnaie,
sodass sie suchen und sagen können:
»Ich glaub, ich habs passend. Aahhhh. Ahhhhh, neee! Neee doch nicht.«

Ein kleines Detail mit unglaublicher Schlagkraft!
Die Hell-Crew sorgt auch dafür,

dass man vor Prüfungen nicht schlafen kann oder um
5 Uhr aufwacht.
Wegen des Teufels hat an deinem ersten Arbeitstag
dein Auto nicht funktioniert
und die Boys aus der Unterwelt haben im Alleingang
Windows 10 programmiert.
Es tropfe jeder Wasserhahn, Türschwellen seien
gerade so hoch, um sie nicht zu sehen und dennoch
sollen alle Zehen brechen,
weil sie mit 100 Stundenkilometern auf sie treffen.

Irgendwann hatte es der Teufel so weit gebracht, sich
bei großen Technikkonzernen einkaufen zu können
und ein Unheil zu streuen, das wir heute unter dem
Namen Autokorrektur kennen.
Seitdem fragt man sich, warum Hypothalamus
verzeichnet ist. Aber wann es ›dich‹ und wann ›doch‹
und wann es ›sehr‹ und wann ›der‹ heißt, das weiß
das Ding scheinbar nicht.
›Ich hoffe es geht dir *der* gut, hab *doch* lieb!‹
Scheiße Mann!

Wegen des Teufels macht dein Hirn auch so einen
Unsinnskram beim Beischlaf mit der Person, nach
der sich deine Gedanken seit Monaten verrenken
an nichts als das Lied ›Eisgekühlter Bommerlunder‹
zu denken!
Du siehst diesen wunderschönen Menschen und los
schnurrt das Kassettenband in deinem Kopf:

»EIN BELEGTES BROT MIT SCHINKEN«, singt es hinter deiner Stirn und du schnaubst verzweifelt.
»EIN BELEGTES BROT MIT EI!«
Du beginnst zu schwitzen, zittern.
»BOMMERLUNDER EISGEKÜHLT«, siehst diese wunderschönen Lippen direkt vor dir:
»EINS MIT SCHINKEN«, aber die Hände schwitzen so. »SCHINKEN!« Du streichelst die Schulter, stammelst: »EINS MIT EI, EI!«

Deshalb steckt der Teufel im Detail und da können wir auch nichts machen.
Doch vielleicht können wir besser leben, indem wir gut auf uns selbst und unsere Nächsten aufpassen.
Lass das angehen, was wir ändern können!

Keine Hate-Kommentare und Drohbriefe mehr, denn mit Schreibfehlern, nimmt die eh keiner ernst!
»Ich *Hase* dich! Ich hoffe du *stripst*!«
Komm, das ist lächerlich!

Wir können nichts daran ändern, dass das Brot immer so fällt, dass die Welt
beinahe untergeht, weil jetzt das Nutella nicht mehr ist, wo es hingehört, sondern auf dem Boden klebt.
Aber wir können von Vorneherein weniger einkaufen und so absichtlich weniger wegwerfen.
Verwerfen können wir jedoch die falschen Ideale bezüglich unserer Körper. Ehrlich mal:

Achselhaare sind erst dann zu lang, wenn sich
Deoroller darin verfangen.
Wir unterscheiden uns und das ist super gut so. Kein
Zebra kommt auf die Welt, kuckt sich an und denkt:
»Potzblitz, heilige Scheiße! Diese hässlichen Streifen
mit diesen hässlichen Haaren. Weißt du was, die
Rhinozerosse in der Savanne nebenan, ohne Haare,
die sind hot! Das mache ich jetzt auch. Ab zum
Brasilian Waxing!«
Kein Zebra denkt sich das!

Wir sollten Unterschiede nicht ausbügeln, sie viel
mehr ausbreiten, denn aus Flügeln erwächst die
Verantwortung zu fliegen.
Vielleicht ist das alles kitschig und ein einziges
Klischee.
Doch im Detail, da gibt's Probleme
und die werden da immer sein.
Doch gemeinsam können wir dafür sorgen,
dass meistens Papier im Drucker ist
und dieses Leben hier vielleicht nicht perfekt,
aber dennoch eigentlich ein ganz gutes ist.

Paula Steiner

Das Kribbeln in den Fingern kurz vor einem kreativen Moment – das ist das Schönste am Schreiben, findet Paula. Seit ihrem ersten Auftritt beim U20 Slam in Schweinfurt (der gefühlt kleinsten Stadt in Bayern mit ICE-Anbindung) möchte sie mit jedem Text etwas Neues und Anderes erschaffen. Mit Reimen, Metaphern und schönen Wortspielen verarbeitet sie alles, was ihr im Leben passiert und wovon sie tags wie nachts träumt. Bisher war Paula hauptsächlich regional aktiv, aber möchte auf jeden Fall bald bis hoch in den Norden touren und auftreten. Auf die Frage, was sie beruflich später einmal machen wolle, lautet aktuell die Antwort: Erst einmal studieren. Am liebsten in Richtung Dramaturgie oder Drehbuch. Jedenfalls etwas, wobei sie das kreative Schreiben weiter verfolgen kann. Alles andere lässt sie einfach auf sich zukommen.

Und wenn dieser Stapel Schallplatten alles ist, was bleibt

Und wenn dieser Stapel Schallplatten
Alles ist was, von dir bleibt
Dann schwafle nichts von Liebeskummer
Erzähl mir nichts von Leid
Dann lässt sich nämlich der Schmerz dieser Welt
Auf eines komprimieren
Und das ist einen Menschen
An dem dein Herz hängt
Für immer zu verlieren

Und ein Tropfen heißer Tränen
Verschmiert den Staub auf unserer
Lieblingsplatte
Und die Musik, die wir beide verehrten
Verliert die Vertrautheit, die sie mal hatte
Und ich drücke einen Sehnsuchtskuss
Auf das Gesicht von Marilyn Manson
Lust hab ich heute einfach nicht
Auf irgendwelche anderen Menschen
Und deshalb sitz ich hier
Und es riecht nach Dachboden und
Karamellstangen
Es ist früh um halb vier

Deine Musik, meine Droge
Und sie hält mich gefangen
In einer Welt zwischen Angst vorm Sterben
Und Angst vorm Leben

Durch meine Adern fließt Grüntee, Papa
Durch mein Herz pumpt immer noch dein Blut
Und wenn ich von Büsum auf die Nordsee blicke
Wo du begraben liegst
Dann spielt mir das Meer
Ein Medley unserer Lieder
Ein Ort voll Trauer an den ich flieh
Denn dann spür ich alles wieder
Ein Realitätsverpasser in meiner Welt ganz klein
Ein Zwiespalt zwischen Menschen hassen
Und einfach bitte nicht alleine sein

Doch ich bin ein Gewohnheitstier
Und so geht's mir auch mit Menschen
Nur beim Gedanken ich könnt dich verlieren
Will ich mich gar nicht erst an dich binden
Denn ›Love me forever or not at all‹
Und so gesehen warst du ja mein Kryptonit
Und mein heiliger Gral
Ich würde immer noch
Den ganzen Weg zurück rennen
Wenn die Zeit eine Straße wär
In meinem eigenen Spiegelbild dich zu erkennen
Macht es mir manchmal unheimlich schwer

Aber ich hab eben so viele Fragen
Die ich dich nie fragen konnte
Denn auch tausend Schallplatten
Ersetzen nicht tausend tröstliche Worte

»Du hast höchste Priorität
Du bist mein Lebenselixier«
Aber was ist das Leben wert
Wenn ich dich trotz alledem verlier?

Und wenn die Welt Kopf steht
Und Menschen runter fallen
Und mein größter Held zerschellt
Wenn alle am Boden aufprallen
Dann frag ich mich
Warum nicht die Schallplatten
Hätten gehen können

Und da steh ich nun, ich armer Tor
Und bin so klug als wie zuvor
Sagt Faust und ich denk mir:
Mir gehts wie dir!
Denn während ich mich
In Selbstmitleid und Gedanken verlier
Schau ich heute von Büsum
Auf die Nordsee und stelle fest
Dass der Schmerz dieser Welt
Nicht auf meinen Schultern lastet
Und ich mich ohne Papas Tod

Wohl nie mit Musik befasst hätt'
Das ist jetzt fünf Jahre her
Mittlerweile kann ich drüber reden
Das ist jetzt fünf Jahre her
Jetzt fühlt es sich wieder an wie Leben

Und wenn dieser Stapel Schallplatten
Alles ist, was bleibt von dir
Dann ist das nicht sehr viel
Aber dann reicht das mir

Komm und erzähl mir Geschichten
Und erklär mir das Leben
Denn wenn du morgen tot bist
Kannst du keine Antwort geben
Auf den Wissensdrang, den deine Kinder haben
Ja wenn du morgen stirbst
Ist da nicht viel mehr
Als ein Stapel Schallplatten
Und tausend Fragen

Und wenn dieser Stapel Schallplatten
Alles ist, was bleibt
Von den Menschen, die wir lieben
Dann sehe ich keinen Sinn im Streiten
Keinen Sinn im Bekriegen
Wenn also dieser Stapel Schallplatten
Alles ist, was bleibt von DIR

Dann schau doch nicht so böse
Und bleib noch auf ein Bier

Davud Pivac

Am liebsten schreibt Davud über Tabuthemen und alles, was gesellschaftlich verpönt ist. Er ist der Ansicht, Kunst muss wehtun und hat schlichtweg Spaß daran, sein Publikum zu schocken. Weil seine Auftritte meist ziemlich polarisierend sind, sammelt der Münchner mit Freuden auch niedrige Punktwertungen, für die sich viele andere Slammer in Grund und Boden schämen würden. Aber gerade diese Unstimmigkeiten erachtet Davud als wichtig, denn sie sollen einen Diskurs entfachen, die Leute zum Denken und Reden bringen. Da die volle Wirkung seiner Texte erst durch seine zynische, makabere Vortragsweise zum Tragen kommt, hat er für diese Anthologie ein etwas leichteres Werk aus seinem Repertoire gewählt, das in erster Linie pädagogisch höchst wertvoll sein soll.

Der erste Slam

Hallo, mein Name ist Dr. Davud Pivac, diplomierter Poet und Facharzt für Poetry Slam. Ihr seid jetzt in einem Alter, in dem ihr Antworten auf die Fragen haben möchtet, die euren Eltern die Schamröte ins Gesicht treiben. Die Situation ist bekannt: Der Sohnemann oder das Töchterchen stellt der Mama eine Frage:
»Mami! Mami! Wo kommen denn die Slamtexte her?«
Die Mama wird rot im Gesicht, hustet und stottert. Die Antwort ist immer die Gleiche:
»Frag doch mal den Papa«
Und auch der Papa weiß keine vernünftige Antwort. Aber warum ist das so?
Das ist ein sehr intimes Thema. Erwachsenen ist es peinlich darüber zu sprechen. Fangen wir ganz am Anfang an. Wir beginnen mit etwas, das hat der ein oder andere sicher schon mal gehört: Poetry Slam.
Poetry Slam ist eine Zeit, in der das Gespür für Poesie wächst. Man interessiert sich für das gesprochene Wort und beginnt zu experimentieren. Meist fängt Poetry Slam im Jugendalter an, für viele mit zwölf Jahren. Manche entwickeln sich früher, manche später. Das ist ganz unterschiedlich, aber völlig normal.
Wie merkt man, dass man in Poetry Slam gekommen ist? Dazu sehen wir uns ein Beispiel an: Das ist Nano.

Wir sehen wie Nano in seinem Bett schläft und vor sich hin murmelt. Plötzlich wacht Nano schweißgebadet auf und bemerkt, dass ihm ein kleines Malheur passiert ist. Er hatte nämlich eine Idee. Er hat im Schlaf einen Satz abgesondert. Das ist ihm jetzt peinlich, braucht es aber nicht zu sein. Das nennt sich Spracherguss und ist ganz natürlich und vollkommen normal. Der erste Spracherguss markiert den Eintritt in Poetry Slam und gleichzeitig den Beginn der Geschichtsreife. Man ist nun in der Lage, eigene Geschichten zu schreiben.

Doch wie wird ein Text geschrieben? Beim Schreiben von Texten wird der sogenannte Stift – das ist ein langes, schmales Schreibutensil – auf ein Blatt Papier gesetzt und so lange rauf und runter bewegt, bis Tinte heraus quillt. Früher nahm man an, ein Blatt Papier müsse unbeschrieben sein. Heute ist man der Ansicht, dass ein Blatt auch benutzt werden darf. Das Schreiben eines Textes kann sehr lustvoll und schön sein.

Der Text ist nun geschrieben. Texte gibt es in allen Größen und Formen und alle sind normal. Es wird immer wieder Slammer geben, die mit 15-Mitunten-Texten angeben. Dabei braucht man sich nicht schämen, wenn man einen kürzeren Text hat. Im Volksmund gilt nämlich:

»Lang und schmal, des Publikums Qual, kurz und dick, des Publikums Glück.«

Manchmal beginnt der Text mit einem Vorwort. Dieses kann aber aus bestimmten Überzeugungen entfernt werden.

Nun kommen wir zum ersten Slam. Es ergibt sich irgendwann die Gelegenheit für euer erstes Mal. Ihr schwitzt, seid nervös, die Hände zittern. Dann besteigt ihr die Bühne und wisst vielleicht nicht was zu tun ist. Wenn das Publikum erfahrener ist, kann es euch leiten. Es ist möglicherweise schneller vorbei als man es möchte. Und dann hat man es auch schon hinter sich. Bei manchen kann es durchaus vorkommen, dass der Auftritt zu lang ist und das Zeitlimit überschreitet und sie dadurch nicht zum Abschluss kommen können. Dann muss nochmal Hand an den Text gelegt und nachgeholfen werden.

Das erste Mal muss weder wehtun noch bluten. Es kann sehr aufregend und schön sein. Auf den Slam folgt meist die ›Bewertung danach‹. Wichtig beim Slam ist jedoch nur, dass ihr und das Publikum euch wohlfühlt und alles einvernehmlich geschieht.

Gemeinsam kann man den Slam entdecken und erforschen. Das kann sehr lustvoll und schön sein. Zur Verstärkung des Vergnügens kann auch ein Mikrophon eingesetzt werden. Das ist ein langes, elektrisches Gerät, mit dem man experimentieren und noch mehr schöne Gefühle und Spaß haben kann.

Manche stehen auf Storytelling und andere wiederum auf Lyrik. Es gibt aber auch Slammer, die sich mit keiner der beiden Richtungen identifizieren. Diese gehen dann zum Rap. Das ist für manche Menschen ungewöhnlich, es ist aber ganz normal und weder schlimm noch anderweitig falsch. Früher wurden Rapper aufgrund ihrer poetischen Orientierung diskriminiert, heute weiß man, dass jeder sich entfalten kann, wie er will.

Und wie man sich vor textuell übertragbaren Geschichtskrankheiten schützen kann, erfahrt ihr im nächsten Video.

Martin Hönl

Er ist Frankens junges Schwergewicht der Bühnenliteratur. Ein Mann, der schon im wallenden Kleid die ›Lady's Night‹ in seiner Heimatstadt Dietenhofen moderiert hat. Über seine Leibesfülle spricht Martin ganz offen in seinen Texten und auch abseits der Bühne. Aussehen, das Verhältnis zum eigenen Körper und innere Werte sind Themen, die ihn immer wieder beschäftigen. Er findet, oft nehmen sich Menschen nicht die Zeit, um hinter das zu blicken, was sie an der Oberfläche sehen. Oder nach Gründen zu suchen, die erklären, was im ersten Moment befremdlich erscheint. Mit seinen Auftritten bei Poetry Slams zeigt er, dass es oft nur fünf Minuten sind, die es bedarf, um einen tieferen Einblick zu bekommen. Bei seinem ersten Auftritt wäre er, laut eigener Aussage, beinahe vor Nervosität gestorben, denn er kennt die Blicke, die vorschnell ein Urteil fällen. Doch die Nervosität verschwand und es blieb ein gutes Gefühl. Die Slam-Bühne bedeutet für Martin Entfaltung, Weiterentwicklung und ist eine Gelegenheit, um los zu werden, was ihm auf der Seele brennt.

Fassaden

Teurer Lippenstift Mascara
Markenware Gucci Prada
Edler Nerz und teurer Zwirn
Gemalte Brauen auf der Stirn
Neue Heidi-Klum-Frisur
Abgemagerte Figur
Top gestylt das Makeup sitzt:
Sie hält sich für ein Weltantlitz!

Doch hinter all der Maskerade
Sträuben sich die schönen Haare
Arroganz und Stolz verbergen
Spuren von des Teufels Schergen
Als Kind vom Vater schwer missbraucht
Das Leben fast schon ausgehaucht
Die Mutter viel zu früh verstorben
Kämpft sie mit prüden Lebenssorgen
Sie schläft zu oft mit Schürzenjägern
Statt mal mit wahren Würdenträgern
Beziehungen geht sie nicht ein
Aus Angst wieder der Spielball zu sein
Beruflich schlief sie sich nach oben
Weibliche Reize glätten Wogen
Die Narben von des Vaters Schlägen
Zeichnen sie auf ihren Wegen
Sie schämt sich für Gegebenheiten

Und für ihr ekliges Verhalten
So legt sie die Verkleidung an
Damit sie nachts noch schlafen kann

In allen Ländern Städten Staaten
Leben Menschen hinter Fassaden
Sie kaschieren seit Dekaden
Was wir schandhaft verbrochen haben
Sie verbergen Leid wie Hass
Manche tragen sie aus Spaß
Verschlagen sowie ungeniert
Wird mit Maske 'rumspaziert
Solang sie alles gut kaschiert
Denn was passiert ist – ist passiert

Teurer Mietwagen – ein Benz
Fehlende Intelligenz
Geschäftsmeeting und Konferenz
Schwankende Aktien, Insolvenz
Frauen Alkohol und Partys
So tun als wär' das Leben gratis
Rolex und ein Hemd von Boss:
Er reitet auf sehr hohem Ross!

Doch hinter all der Maskerade
Spielt auch er nur gut Scharade
Alkohol und Lust verbergen
Spuren von des Teufels Schergen
Meetings oft beim Psychologen

Abhängig von Chemo-Drogen
Die Ehefrau hat ihn verlassen
Die Kinder sind am Geld verprassen
Er kann sich sein Leben gar nicht leisten
Weil Schulden sein Gewissen beißen
Die Vertragslast ist enorm
Sein Leben gerät außer Form!
Er schraubt nach oben die Spirale
Gefangen in der Schuldenfalle
Selbst Peter Zwegat nahm Reißaus
Beim Hypothekenwert aufs Haus
Er schämt sich für Gegebenheiten
Und für sein ekliges Verhalten
So legt er die Verkleidung an
Damit er nachts noch schlafen kann

In allen Ländern Städten Staaten
Leben Menschen hinter Fassaden
Sie kaschieren seit Dekaden
was wir schandhaft verbrochen haben
Sie verbergen Leid wie Hass
Manche tragen sie aus Spaß
Verschlagen sowie ungeniert
Wird mit Maske rumspaziert
Solang sie alles gut kaschiert
Denn was passiert ist – ist passiert

Ich könnte noch viel mehr erzählen
Von derart schwer gequälten Seelen

Die Welt ist nur ein Maskenball
Das ganze Jahr herrscht Karneval!
Es war noch niemals eine Schande
dazu zu stehen, wie man sich wandelt
In allen Ländern Städten Staaten
Erbaut der Mensch solch Palisaden
Als würde uns die Wahrheit schaden
Zuzugeben, was wir ertragen!
Seien es Schmerzen, Leid und Hass.
Tragt doch die Masken nur zum Spaß!
Niemand braucht sich zu genieren
Für Dinge die ihm so passieren.
Es ist doch schon die wahre Stärke
Schwäche nicht mehr zu verbergen!
Akzeptiert Gegebenheiten
Denn sie lassen uns nur reifen
Ich glaube dass dann Frau wie Mann
Nachts viel ruhiger schlafen kann

Nicht alles, was schön ist, ist wahr und nicht alles, was wahr ist, ist schön. Aber wahre Schönheit, die weiß ich zu schätzen. Schöne Wahrheiten habe ich schon lang nicht mehr erlebt. Nur wahre Lügen und die sind nicht schön. Für wahre Schönheit braucht man jedoch nicht die Fassade erneuern. Die bröckelt nur wieder. Kennt ihr nicht diese idyllischen alten Burgruinen, die überall das Land zieren?
Sie sind komplett zerstört, aber niemand hat sich je die Mühe gemacht, sie wieder aufzubauen. Warum

denn auch? Sie tragen doch schließlich etwas sehr
Romantisches und Schönes in sich, oder?

In allen Ländern Städten Staaten
Leben Menschen hinter Fassaden ...
Belügt Euch nicht selbst!

Fee

Ihre ersten Schritte auf einer Slambühne machte Fee bei einem Workshop-Projekt in München. Seitdem ist sie zur regelrechten Allroundkünstlerin geworden. Ihre zahllosen Projekte, wie Lesebühnen, eine Talkshow, Blogs, YouTube- und Twitter-Kanäle, ein Jugendroman und ihr unermüdliches Engagement für Frauenrechte haben ihr im Jahr 2016 sogar den Tassilo-Kulturpreis eingebracht. Obendrein ist es ihr eigentliches Berufsziel, Opernsängerin zu werden, was sie jedoch sicher nicht davon abhalten wird, Texte zu schreiben und damit bei Poetry Slams aufzutreten. Nach ihren Vorbildern im Slam gefragt, erklärte sie mir, da gäbe es unglaublich viele. Sie ist der Meinung, man könne sich bei jedem etwas abschauen und für sich dazulernen. Und wenn man sich ansieht, wie abwechslungsreich und wandelbar Fee in ihren Texten und ihrer Performance ist, dann merkt man, dass sie diesen Grundsatz auch wirklich lebt.

Gaslighting

Es ist nichts passiert. Gar nichts.
Da ist etwas.
Hinter einer Wand pulsiert, türmt sich auf, klopft an, schreit heraus, wälzt sich, quält, sticht … etwas.
Eine Erinnerung? Vielleicht nur deine Fantasie.
Es geht schon wieder vorbei.
Vergiss nicht: Du bist verrückt.
Vergiss nicht!

Die Kronzeugen sind nicht vernehmungsfähig, sie erinnern sich an nichts.
Hagen ist eigentlich kein paranoider Charakter.
Eigentlich ist er ein rationaler Typ, ein vernünftiger Kreativer.
Schriftsteller zwar, aber nicht durchgeknallt, noch nicht durchgeknallt.
Erst das Rauschen in der Leitung, dann die Stimmen hinter den Wänden.
Anfangs nur Kleinigkeiten, ein Haus verliert nichts, wo soll das denn schon sein?
Erst die Sache mit der Steckdose, er hatte sie eingeschaltet, ganz sicher.
Aber immer wenn er heimkommt ist sie aus.
Dann die Vorhänge, nur ein Stück zugeschoben, aber vorher waren sie offen!

Und dann, dass der Wasserhahn verstellt war. Er war verstellt!

Hagen schwört nicht, er ist kein religiöser Typ. Eigentlich nicht, er ist eigentlich rational. Spirituell aufgeladene Floskeln sind ihm zuwider, er schreibt sie auch nicht.

Der Spiegel lag da vorhin noch nicht! Er weiß es ganz sicher. Da war kein Spiegel! Er wird doch noch wissen, wo er den Spiegel hin hat.

Wann hat er überhaupt einen Spiegel gebraucht? Wird er alt?

Nein, das war vor fünf Minuten, da lag kein Spiegel! Jetzt werd nicht panisch! Da hast du ihn doch selbst hin getan. Ich schwöre es, verdammt!

Nachmittags, wenn er an den kritischen Schriften arbeiten müsste, legt er sich auf die Lauer.

Albern kommt er sich vor. Er zieht die Vorhänge jetzt selber zu, soll keiner den Spinner bemerken. Mit aufgerissenen, roten Augen beobachtet er den Schalter an der Steckdose:

Er leuchtet, er ist an.

Nicht blinzeln, nicht blinzeln – irgendwann muss das doch passieren.

Das muss doch ein Kurzschluss …

Er hat sich ein Brot mit Seranoschinken belegt, liegt auf der Lauer wie ein Jäger auf der Pirsch,

beißt in den Schinken.

Nur nicht blinzeln!

Der Verehrerin hat er abgesagt. Er ist zu
durcheinander. Das muss er jetzt klären.
Hagen hat das Gefühl, wenn er nur dieser einen
Sache auf den Grund gehen könnte,
der Sache mit der Steckdose, könnte er sich sicher
sein.
Dann würde es für die anderen Dinge auch eine
Erklärung geben, dann wäre er nicht alt, dann wäre
er nicht wunderlich.
Er ist kein abergläubischer Typ, er sieht die Dinge
gern ganz nüchtern.
Aber wegen der Vorhänge? Er hat schon an
Freimaurer gedacht.
Nur nicht blinzeln jetzt. Gleich müsste es passieren.

»In Bayern brannten letzte Nacht wieder
Asylunterkünfte. Ob ein rassistisches Motiv hinter
den Taten steht, ist noch zu klären.«

Da ist etwas.
Hinter einer Wand pulsiert, türmt sich auf, klopft an,
schreit heraus, wälzt sich, quält, sticht … etwas.
Du kannst dich nicht genau erinnern. Du bist nicht
mal dreißig und weißt nicht mehr genau, wie das
war. Da sind schwarze Flecken, du wirst die Mutter
fragen müssen, wie das war.
Ausgerechnet die Mutter.
Wie oft wurde deine Erinnerung manipuliert?
Häufiger als du dich erinnern kannst.

Du sprichst mit niemandem darüber, bist dir nicht mal sicher, ob du dich nicht täuschst,
wenn nur niemand bemerkt, dass du …
Anfangs hast du schon!
Hast gezetert, Freunde eingeweiht, mit der Beratungsstelle deiner Arbeit gesprochen.
Du wolltest Gehör, da stimmt doch was nicht, hast du gemerkt.
Deine Erinnerung war anders als das auf den Fotos.
»Pscht«, zischte sie dir zu. »Muss ja nicht jeder wissen, dass du …«
Wahrscheinlich hat sie Recht. Du kannst nicht lügen.
Und so etwas, sagt sie, ist ein schwerwiegender Vorwurf.
Wenn der einmal in der Welt ist, kannst du damit leben?
Sie, die Mutter! Sie ist doch deine Mutter!
Und du warst noch ein Kind.
Kinder können oft nicht auseinanderhalten, was real ist und was nur in ihrem Kopf.
Hast dir schon immer Geschichten ausgedacht. Aber das geht zu weit.
Erinnerst du dich an diesen einen Scherz, fragt sie, den sich deine Freundinnen erlaubt haben?
Weißt du noch, wie sie an deinem Geburtstag in dein Zimmer einbrachen und die Wand um genau einen Farbton dunkler strichen? Hahaha, du wärst fast wahnsinnig geworden!

Wer bist du?
Nichts von dem, woran du dich erinnerst, ist wahr.
Nichts, was du erlebt hast, ist passiert.
Es ist nichts passiert, gar nichts passiert.
Hör doch auf zu weinen jetzt! Es ist ja nichts! Nur ein Kratzer.
Aber da, hinter einer Wand in deinem Kopf, da ist etwas.
Eine Erinnerung.
Ein unbestimmtes Gefühl, das stimmt so nicht. Das war anders.
Eine Ahnung vielleicht, irgendetwas passt nicht.

»Bei einem Anschlag auf eine junge Frau mit Migrationshintergrund, hat der Täter auch die Wohnung des Opfers verwüstet und mit mehreren Hakenkreuzen beschmiert.
Ein fremdenfeindlicher Hintergrund wird bisher von der Staatsanwaltschaft nicht angenommen.«

Tatjana schließt die Augen, reißt sie auf, schließt sie wieder, hofft.
Es geht nicht vorbei. Sie macht die Augen auf, zu, auf, zu, auf, zu, auf, auf!
Erst ›Das darf nicht passieren, gerade! Bitte, lass es nicht geschehen, lass es einen Traum sein!
Eine Einbildung! Das passiert hier doch gerade nicht. Das kann nicht sein. Es passiert nicht. Wenn es nur nicht wahr ist! Das passiert doch nicht!‹

Tatjana schreit, reißt den Mund auf, macht ihn zu, stumm wieder auf, zu, auf, zu, auf, schreit.
»Bitte!«
Sie wiegt sich vor, zurück, vor, zurück, vor, zurück, vor, zurück, streichelt sich über die Oberschenkel.
»Es ist nichts passiert, alles gut, nichts passiert, nichts passiert, gar nichts passiert!«
Dann plötzlich wie ein Schalter im Kopf: »Das hier passiert nicht. Es passiert nicht. Nichts passiert.«
Tatjana steht auf und geht, lässt die anderen liegen.
Später wird sie nicht mehr wissen, was sie erlebt hat.

»Es bestehe laut dem Gerichtsurteil kein Zusammenhang zwischen den politischen Aktivitäten in einer rechtspopulistischen Bewegung und den Gewalttaten des Angeklagten.«

Entschuldige! Nichts passiert.
»Du könntest dich entschuldigen?«
»Ich mich entschuldigen? Sag mal spinnst du?«
»Ich meine nur, was du getan ...«
»Was ich getan habe? Drehst du jetzt völlig durch? Was habe ich getan? Sag's mir!«
»Naja, du hast schon ...«
»Ach, hör auf jetzt! Das ist es also, oder? Das ist der Dank.«
»Ich wollte nicht undankbar sein, ich wollte nur ...«
»Mich bloßstellen. Das wolltest du. DU! Soll ich davon anfangen, was du getan hast.«

»Was habe ich getan?«
»Was habe ICH getan? Du wirst schon deine Gründe haben, sowas zu erzählen.«
»Nein, entschuldige.«
»Nein, nein, bitte, ich meine, vielleicht irre ich mich ja. Vielleicht bekomm ich das einfach nicht mit, das wird's sein.«
»So ist das nicht gemeint. Bitte, lass gut sein, ja?«
»Was? Was soll ich gut sein lassen? Habe ich angefangen?«
»Ich meinte doch auch nur, ach nein ... ist schon gut.«
»Aha, ist schon gut. Was ist schon gut? Was ist los?«
»Nichts passiert. Entschuldige bitte, entschuldige.«

Hagen schreckt auf.
Nicht blinzeln, denkt er erst, dann merkt er, er war eingeschlafen.
Das Licht, es ist aus. Es leuchtet nicht.
Hagen ist nicht durchgeknallt, er ist ein rationaler Typ.
Er weiß, wie panisch Menschen werden können, er hat es sich aufgeschrieben.
Da auf seinen Notizen, da steht es. Der Schalter war an, da steht es doch!
Er hatte sich doch hier auf den Boden gelegt, auf die Pirsch, weil er sehen wollte, wann es passiert. Wann der Schalter ausgeht. Er will nicht durchdrehen.
Wunderlich genug, was er hier tut.

Dann entdeckt er die Vorhänge. Hatte er sie nicht …
Hagen ist ein rationaler Typ, er redet eigentlich nicht
mit sich selbst, er ist nicht kauzig.
Das hätte er sich aufschreiben müssen.
»Großer Gott!«, murmelt er.
So etwas hätte er nicht geschrieben, aber die
Vorhänge! Er hatte sie zugezogen, die Nachbarn
sollten ihn nicht beobachten. Sie sind weit offen, der
Schalter ist aus.
Hagen greift nach dem Brot auf dem Teller neben
ihm. Ihm wird schummrig. Würde er nicht liegen, er
würde taumeln.
Er durchwühlt seine Notizen, schmeckt in seinem
Mund nach, fährt mit der Zunge die Zähne nach
möglichen Resten ab.
Hagen rennt in die Küche, sucht im Mülleimer, wirft
Dinge aus seinem Kühlschrank.
Er ist eigentlich kein paranoider Charakter, Hagen ist
ein rationaler Typ.
Aber welche verdammte rationale Erklärung soll es
hierfür geben?
Er wird verrückt, das ist es. Das ist die einzige
rationale Erklärung, die es hierfür geben kann.
Hagen wird verrückt.
Er schleicht unauffällig zum Fenster, zieht die
Vorhänge sorgfältig zu, dann setzt er sich wie ein
vernünftiger Mensch, eigentlich ist er das, ein
vernünftiger Mensch, an den Tisch und isst sein
Käsebrot auf. Du hast deine Identität verloren.

Es könnte alles sein. Alzheimer vielleicht, Psychose.
Die Mutter wird es wissen.
Komisch, dass sie sich an all diese Dinge nicht
erinnert. Dass all das scheinbar nie geschehen ist.
Es ist nicht geschehen, sagt die Mutter.
Nichts ist passiert.

Aber, da!
Hinter einer Wand in deinem Kopf,
Da ist etwas.
Hinter einer Wand pulsiert, türmt sich auf, klopft an,
schreit heraus, wälzt sich, quält, sticht … etwas.
Du ahnst, dass es nicht richtig ist. Aber du kannst es
nicht festmachen.
Diese Erinnerungen.
Es geht schon wieder – vorüber.
Nichts passiert. So wird es sein.
Es ist nichts passiert.

Helmuth Steierwald

Da das Format Poetry Slam wirklich für alle Arten von Texten und Vorträgen offen ist, begegnet man auch immer wieder Stand-Up-Comedians bei solchen Veranstaltungen. Für Helmuth geht es beim Slam hauptsächlich um die Performance – ein Textblatt benutzt er selten. Viele seiner Nummern schreibt er gar nicht richtig auf, sondern nutzt nur Stichpunkte, um sie dann immer wieder spontan neu zusammen zu setzen. Erfreulicherweise hat er uns für diese Anthologie doch noch einen Text zusammengestellt. Das nächste große Projekt für ihn ist ein Soloprogramm, das 2018 fertig werden soll. In einem Fragebogen, den ich die Autoren ausfüllen ließ, um mich auf diese Anmoderationen vorzubereiten, gab Helmuth Steierwald an, ich solle auf keinen Fall erwähnen, dass er nicht Helmuth Steierwald heißt. Gleichzeitig jedoch war die Antwort auf die Frage, warum er heute immer noch gerne auf der Bühne steht ›weil die Figur Helmuth Steierwald ein bewährtes Konzept ist‹. Tja lieber Helmuth, aufgrund dieses Widerspruches nehme ich mir nun heraus, den Leuten deinen echten, wahren und einzigen Namen zu verraten. Er lautet:

Blumiger Stil

Mein Stil ist blumig. Und während ich diesen Text hier verfasse, verdaue ich Wurstgulasch. Es ist dieser besondere Lifestyle, der mich zum wichtigsten Intellektuellen des 21. Jahrhunderts macht.

Um auszudrücken, dass ich etwas gut finde, verwende ich gerne unzeitgemäße Vokabeln wie ›formidabel‹, ›famos‹ oder ›knorke‹. Unzeitgemäße Vokabeln verwende ich, weil ich seit frühester Kindheit einen kleinen Sprachfetisch habe. Das ist quasi wie ein Fußfetisch, aber im Gegensatz zu einem Fußfetischisten krieche ich bei Swingerpartys nicht auf dem Boden herum, sondern tummele mich in der Leseecke und befingere Bücher und mich selbst. Der Fußfetisch wiederum ist eine benigne Form der sexuellen Neigung. Frauenfüße kann man massieren. Das zeitigt zumeist positive Folgeerscheinungen wie zwischenmenschliche Sympathie und Freundschaft. Herzerwärmende, freudvolle, glücklich stimmende, intime, völlig asexuelle und infolgedessen verstörend unbefriedigende Freundschaft.

Ein reines Glücksbärchie-Theater. Das Gegenteil eines jeden Pornofilms. Für den Mann eine Katastrophe. Der Frau hingegen ein Genuss. Frauenfüße sind nämlich mit dem limbischen System des dazugehörigen Frauengehirns verknüpft und wer den Frauenfuß liebkost, liebkost zugleich den im limbischen System der Frau zu verortenden nucleus accumbens (dies ist ein für das Lustempfinden bedeutsames Gehirnareal), der bei Stimulation dermaßen viel Dopamin raushaut, dass Julia Engelmann damit eine ganze Wodkaflasche befüllen könnte, um sich daran zu besaufen, bis die Wolken wieder schwarzbraun sind und Heinos Nüsse wieder lila (jaja, der nicht zum Schuss kommende, Füße massierende Heino hat keine blauen Eier, sondern lila Nüsse, Höhö) und ich für meinen Teil habe kein Problem damit, mit Frauen bloß befreundet zu sein.

Bitte, welcher Mann hat schon Bock, mit seiner Zunge mühselig die Bikinizone auf die unauffindbare Klitoris hin abzutasten. Wer schon mal seine Zunge über den stacheligen, unrasierten Venushügel hat kreisen lassen, weiß, wie es ist, im Vorgarten beim Kindergeburtstag im Rahmen des zeremoniellen Topfschlagens über die Wiese zu krabbeln und dabei auf einen Igel zu treffen. Dabei kann man der Frau genauso gut durch knopfdruckartige Betätigung des Fußes einen ebenso lustvollen Stimulus verschaffen und das ohne die anstrengende Tätigkeit des Sexierens bzw. des Sexens, ach verdammt, mir fällt kein treffendes nominalisiertes Verb fürs Vögeln ein, des Sex-Habens, des Koitierens, des Vögelns … Ah, ja … Bingo! (ich bin mit meinen Wortfindungsstörungen der Edmund Stoiber unter den Slam Poeten).

Man muss es sich in Bezug auf Frauen einfach machen. Der perfekte Liebhaber ist demnach ein füßelnder Liebhaber. Lernt das endlich mal, Jungs, kein Maca-Pulver, kein mit Zink-Präparaten versetzter Smoothie, keine Vitamin-D-Kapseln und keine Testosteron-Kur werden euch zu einem Hengst machen, nein, das Hengstsein wird euch zum Hengst machen und ein echter Hengst massiert Füße und wiehert, ist ja klar.

Ich habe schon dermaßen viele Frauenfüße massiert, dass sich mittlerweile nicht nur Schwielen an meinen Händen, sondern auch Schwielen an den von mir bis zur äußersten Schwieligkeit massierten Frauenfüßen befinden. Kommen wir jedoch zu meinem eigentlichen Fetisch. Dem besagten Sprachfetisch.

Ein Sprachfetisch bringt dich im Vergleich zu einem Fußfetisch nur bedingt im Leben weiter. Die inflationäre Verwendung des Wortes ›alkyonisch‹ (was dem Langenscheidt Fremdwörterlexikon zufolge so viel wie ›heiter‹ bedeutet) hat noch keiner Beziehung zu einer längeren Lebensdauer, geschweige denn zu mehr Heiterkeit verholfen. Im Gegenteil. Klinische Studien konnten belegen, dass Männer, die häufig Sätze sagen wie ›Dein Lächeln entfacht in mir ein alkyonisches Lustgewitter‹ oder ›Du bist der alkyonische Hain, den ich ersuche, um dem Unbill meines Lebens zu entfliehen‹ oder ›Du bist fett, du alkyonische Fotze‹, häufiger an Hodenprellung leiden. Die pathophysiologischen Gründe hierfür sind bis dato noch unbekannt. Oft sind aber bei der Entstehung dieser Symptomatik Frauenfüße involviert.

Jedenfalls weiß ich, dass ich mit meinem Fremdwortgebrauch und meiner Fabulierlust in etwa dieselbe Lebenszeitverkürzung zu erwarten habe, die auch Rauchern oder Adipösen angedeiht. Aber egal, man stirbt ohnehin. Das heißt, ich nehme jetzt nichtsdestotrotz alle Gefahren in Kauf, bin einfach mal verwegen und knalle allen Saft aus meinem Füller und fetze dem Papier rückhaltlos meine Worte ins Mark, so blumig diese Worte auch sein mögen.

Lassen Sie, lieber Leser, sich bei der Lektüre dieses Textes hier nicht von dieser Blumigkeit irritieren. Ich bin zwar mondän und beredt, doch zugleich ein Zögling des Prekariats. Ich trage kein Monokel, sondern Baggy Pants. Ich bin im Prinzip ein handzahmer Molukke, wie jeder andere Molukke auch. Kennste einen, kennste alle. Ich bin wie Eko Fresh oder Serdar Somuncu oder Erdogan oder Fatih Cevikkolu, dessen Name in puncto Rechtschreibung ein fortwährendes Desaster für mich ist. Ich bin ein zartes Lamm, das im Streichelzoo scheu umhersteht und zum Anfassen einlädt.

Gut, bevor sie mir in Anbetracht meines geschliffenen Duktus' schon Vorschusslorbeeren mit auf den Weg geben, die ich hinterher gar nicht verdient habe, weil ich in Wahrheit ein asozialer Bastard bin, so möchte ich zum Abschluss noch die private Ebene mit Ihnen gemeinsam betreten und Ihnen verraten, wie ich mich mit meinem Sprachfetischismus mal so richtig ins Abseits geschossen habe.

Und zwar beim Verfassen einer Bewerbung.
(Randnotiz: Beruflich mache ich was mit Chemie.)

Wo fange ich an? Mitte 2015 war noch vieles anders. Ich hatte gerade mein Studium abgeschlossen und war mir über meine berufliche Situation nicht im Klaren. Das Schreiben von Bewerbungen war an der Tagesordnung. Mein Ziel war es damals, in die Juristen-Abteilung eines bekannten Kosmetikkonzerns zu kommen, um dort chemierechtlichen Scheißkram zu regulieren (ich bin gerade nicht imstande, die zu besetzende Position präziser zu beschreiben).

Eine Bekannte, die in besagter Firma tätig ist, hatte sich bereits im Vorfeld mit der Personalabteilung in Verbindung gesetzt und das eine oder andere gute Wort für mich eingelegt. Ich musste nur noch meine Bewerbung dort einschicken und man würde mich mit feierlichsten Fanfarenklängen als neuen Kollegen, ach was, als seelenverwandten Bruder willkommen heißen.

In einem Bewerbungsseminar, welches ich als vorbereitende Maßnahme zu jener Zeit besuchte, wurde mir dringlichst geraten, in meinem Motivationsschreiben einen konkreten Bezug zum Unternehmen zu entwickeln, also im Falle eines Kosmetikkonzerns klar deutlich zu machen, wieso mir persönlich viel daran liegt, im Bereich der Kosmetik tätig zu sein.

Meine Bewerbung liest sich infolge dieser Unterweisung weniger wie ein Motivationsschreiben, sondern eher wie die Memoiren eines Mannes, der einfach sehr, sehr gerne Kosmetik mag. Der sich jeden Morgen einen Hektoliter L`Oréal Men Expert ins Gesicht eskaliert. Hier ein Auszug:

»Kosmetikprodukte haben für mich nicht nur einen funktionalen Zweck, sie tragen auch maßgeblich zu einer hohen Lebensqualität und zum emotionalen Wohlsein ihrer Anwender bei. Sie versetzen ihren Träger in einen Zustand geistiger Bereitschaft: Das weiß ich aus meiner Erfahrung als Laien-Musicaldarsteller. In einer Gruppe Theater zu spielen lehrte mich, ein Gespür für die emotionalen Bedürfnisse meiner Mitmenschen zu entwickeln.

Das Auftragen des Bühnen-Make-Ups vor jeder Aufführung hatte für mich hierbei einen besonderen rituellen Stellenwert und versetzte mich in einen Zustand der Konzentration und Aktionsbereitschaft, der für mich mit der Zeit unentbehrlich wurde, um auf der Bühne sicher agieren zu können. Diesen besonderen emotionalen Mehrwert, den ich aus kosmetischen Produkten beziehe, möchte ich daher als Teil Ihres Unternehmens mit meinen fachlichen Kompetenzen unterstützen und für jedermann erfahrbar machen. Ab August kann ich Ihnen zur Verfügung stehen.«

Mal davon abgesehen, dass mehr als die Hälfte dieses Bewerbungstextes gelogen ist, stand ich – trotz der Mühe, die ich mir gegeben habe – ab August einen

Scheiß zur Verfügung. Es kam nicht einmal eine Absage. Meine aktuelle Stelle als naturwissenschaftlicher Doktorand an der Uni hab ich vor allem deshalb bekommen, weil ich zwei Regeln befolgt habe:
a) halte dich in deinem Bewerbungsschreiben
sehr knapp
b) halte im Bewerbungsgespräch
überwiegend die Fresse

Hältst du dich an diese beiden simplen Regeln, bist du im beruflichen Alltag allen Konkurrenten stets einen ganzen Schritt (in etwa ein Frauenfuß der Größe 38 ½) voraus, denn du bist formidabel, famos, knorke.
Ich beende diesen Text an der Stelle, das Wurstgulasch ist fertig verdaut und beantrag ein Auslandsvisum und mit Ausland meine ich das weiße Haus, die Porzellanschüssel, weißt schon, knick knack, jetzt wirds ehrlich undelikat, herrje beende doch diesen Text herrgott (das Problem ist, dass bei Poetry Slams generell ein Zeitlimit existiert und ich gewohnt bin, vom Moderator einfach gewaltsam von der Bühne geholt zu werden, hier passiert mir das nicht, es sei denn, der Herausgeber dieses Buches schneidet schlicht den Text ab, was auch lustig wäre, aber nicht passieren wird ich könnte wie james joyce am ende von ulysses ohne punkt und komma einfach weiter schreiben und wahllos irgendeinen bullshit hier hinschlonzen einfach nur um tinte zu verbrauchen die-

ses buch braucht ja ohnehin etwas mehr dicke dicke tut gut dicke ist griffig man will ja schließlich einen fetten wälzer in der hand halten der richtig schön laut klatscht wenn man ihn zuknallt also wirklich etwas geileres gibt es doch nicht oder will irgendjemand hier widerwo

Stef

Da Stef mittlerweile in Bochum wohnt, kann man ihn zu Recht als bayerischen Exportschlager bezeichnen. Seit der gebürtige Münchner im Jahre 2014 zum ersten Mal eine Slambühne betreten hat, ist er nicht mehr davon wegzuholen. Daher kommt es durchaus oft vor, dass man ihn immer noch auf einer der vielen Bühnen Bayerns zu Gesicht bekommt. Sein Engagement in der queeren Szene spiegelt sich oft in seinen Texten wieder und sollte man ihn daran nicht erkennen, dann an seinem Markenzeichen. Ich persönlich habe ihn jedenfalls noch nie ohne sein Halstuch gesehen. Angefangen hat es bei Stef damit, dass er Geschriebenes nicht mehr ungesehen in einer Schublade verstauben lassen wollte. Wobei das vielleicht etwas pathetisch klingt, denn die heutigen Schubladen für unveröffentlichte Gedichte sind meist Textdokumente und so ein digitaler Ordner staubt leider nicht so schön ein, wie echtes Papier. Auf jeden Fall ist Poetry Slam für Stef das perfekte Format, um das, was ihm wichtig ist, einem Publikum näher zu bringen.

Romeo und Julian

Wenn zwei sich streiten, leidet der Dritte
Vernehmt diese Erzählung mit folgender Bitte:
Lasst Liebe zu, egal wie sie erscheint
Sonst endet ihr so, wie es anfängt hier – und weint
Wenn Liebespaare sich nicht dürfen vereinen
Und der eine Kerl darf nicht machen den anderen zu dem seinen
Ist die Welt verkehrt, dann ist die Welt kaputt
Manchmal wünscht man sich doch, sie läge in Asche und Schutt
Zu eurem Verständnis beginne ich vielleicht noch mal von vorn
Denn Unverständnis ist und war mir schon immer ein Dorn
Im Auge
Aug um Aug und Zahn um Zahn
Kämpften schon immer die Familien von nebenan
Die Montagues und die Capulets
Die einen sind wie die Sharks
Die anderen wie die Jets
Die Bayernfans gegen die 60er im Streit
Doch diese beiden Familien treiben es viel zu weit
Ihre Kinder Julian und Romeo
Werden so nämlich ihres Lebens nicht mehr froh
Zwei Jungens, die im Geiste vereint, doch in der Liebe getrennt

Der eine für den anderen jeweils vor Leidenschaft brennt
Nieder
Nieder mit den Unterschieden
Es ist doch klar, dass die beiden sich lieben!
Doch durch den Zwist und den Streit ihrer Hitzköpfigen, homophoben, sturen, aggressiven, verdorbenen, gefühllosen, cholerischen, gnadenlosen, törichten Alten
Müssen sie sich einander gegenüber feindlich verhalten
Doch Romeo sowie Julian
Vertrauen sich jeweils einem anderen an
Romeo spricht zu Mercutio und Folgendes hat er genau so gesagt:
»Oh Mercutio ich begehe einen unglaublichen Verrat
An meinem Namen bin ein Bösewicht
Weiß weder ein noch
Aus
Aus ist es bald mit mir, oh Mercutio, denn im Ernst: Ich lieb kein Weib
Lieb einen Kerl so schön von Gestalt so unglaublich ist sein Leib
Sein Name ist Julian. Ein Capulet und meines Feindes einziger Sohn
Bin durchfressen von blanker Angst und dem Hohn
Den diese Situation an sich hat
Erfährt mein Vater von meinen Neigungen macht er mich platt!«

Julian dagegen spricht mit seinem Kindermädchen:
»Oh, du meine Liebe, vor einiger Zeit setzte sich ein Rädchen
In meinem Schädel in Bewegung
Und ich ziehe es in Erwägung
Zu gehen
Zu gehen zu meinem kostbaren Romeo
Und frei zu sein, in seinen Armen liegend irgendwo
Doch Träume sind wie Seifenblasen, das weiß ich sehr wohl
Von außen sehr schön anzusehen, doch von innen leider hohl
So weiß ich natürlich, dass ich niemals bei ihm verweilen werden kann
Ohne, dass meine Familie nebenan
Meines Todes plottet, mein Ableben bespricht
Oh, wenn ich nur wüsste, welcher Teufel Amor besticht
Dass dieser seine Pfeile immer so unpassend verwendet
Ich kann nur hoffen, dass diese Welt verendet
Bald
Bald auf bald soll der Niedergang kommen
Denn im Ableben kann ich auch meinen Liebsten bekommen
Bis dahin will und kann ich aber nicht warten
Gehe nun und stehle mich leise in seinen Garten
Auf wohl und wünsch mir Glück, ich kann es brauchen!«

Ist das Letzte, das er kann noch hauchen
Bevor er sich leichtfüßig davon macht
Und er hat Glück, denn der Mond am Himmel lacht
Fortuna ist ihm gewogen Romeo wartet schon am Balkon
Bei seinem Anblick spricht Julian zu ihm: »Du Sohn Des Hauses
Des Hauses, das des meinen so verhasst
Solch wundervoller Mensch an solch grässlichem Namen verprasst
Romeo, warum denn Romeo?
Verleugne deinen Vater, deinen Namen
Und säe mit mir den Samen
Für eine neue Zeit des Glücks
Ohne Wenn und Aber oder Vielleichts und Zurücks
Willst du das nicht, tu ichs zuerst und bin länger kein Capulet«
»Das alles ist unwichtig, solange wir teilen ein Leben, eine Liebe, ein Bett«
Antwortet Romeo
Welcher mit den pubertären Gedanken
schon anderswo
Ist
Ist und bleibt das Glück ihnen gewogen?
Nein, denn Fortuna hat sie betrogen
Nicht nur Romeo vernahm des Geliebten Worte
Sondern auch dessen Vater, in welchem sich nun bilden Gefühle der übelsten Sorte

»Nicht nur eine Schwuchtel und ein Teufel sein,
auch noch einen Capulet lieben?
Du elender Verräter, stirb an meinen Hieben!«
Schreit er von Wut ergriffen und stemmt Romeo
gegen die Wand
Schlägt ihn nieder, wieder und wieder, sodass dieser
nicht mal mehr weiß welche Zeit und welches Land
Julian vom Grauen gepackt, mit Adrenalin versetzt
Ist schnell das Geländer hochgeklettert, gehetzt
Zum Geliebten
Zum Geliebten, welcher blutend an der Wand liegt
Und immer noch mehr und mehr Hiebe abkriegt
Er muss etwas tun, muss ihn doch retten
Doch den wütenden Vater hielten weder Ranken
noch Ketten
Da sah Julian eines Dolches Klinge
Er nimmt, packt und stößt ihn, auf dass der Leib des
Ungetüms
Das kühle Metall verschlinge
Die Schläge hören auf, der Vater wird kalt
Sohn und Vater verstarben beide an Gewalt
Und Julian steht voll Leere und sieht
Die verlorene Liebe, den getöteten Mörder und flieht
Auch in die Arme des Todes

Teresa Reichl

Zwei Freundinnen hatten sie zu ihrem ersten Slam angemeldet – ohne, dass sie es wusste. Erst als zwei Tage vorher die Infomail kam, in der stand, sie wäre im Lineup, wurde Teresa klar, dass sie nun schnell einen Text schreiben musste. Aus dieser spontanen Aktion entwickelte sich eine kleine Bühnenliebe. Die angehende Lehrerin tourt so viel sie kann durch die ganze Republik, aber kommt auch immer wieder in ihre niederbayerische Heimat, um dort selbst einen Slam zu veranstalten und Workshops an Schulen zu geben. Für den folgenden Text hat Teresa sich von einem Kinderbuch inspirieren lassen. Eigentlich sollte es eine recht niedliche Geschichte werden, die ihr dann aber laut eigener Aussage ›wohl etwas entglitten‹ ist.

Die Traummischerin

Heut werd ich meine Geschichte berichten,
eines von diesen Tragödiengedichten,
die schlechte Menschen als solche enttarnen,
und damit die ganze Menschheit warnen.

Gestatten, ich bin eine Traummischerin
Jeder hat so eine hier oben drin
Ich sitz in der Großhirnrinde, links ganz hinten
Wo nachts Neuronen taghell blinken
Und im Thalamus bin ich wohnhaft
Ja, in Zellmembraneneinzelhaft.
Namen? Nein, Namen hab ich keinen
Doch nenn ein Menschlein mein Eigen
Und das hat schon einen Namen, klar
Geschrien wird nach ihr: Elisá
Und ich arbeite den ganzen Tag
Auf dass sie Schönes träumen mag
Was untertags so schön passiert
Wird von mir persönlich protokolliert
Ich suche mir das Schönste aus
Und bastle einen Traum daraus
Dunkles, Böses lass ich aus
Das heb ich für mich selber auf
Für Träume nehm ich nur das Bunte
Regenbögen, Einhörner und Gute-Nudel-Punkte
Und die sieht sie dann des Nachts nochmal

Wenn sie friedlich schläft, wie jedes Mal
Und wisst ihr was? Ich tu das gern
Tagesschnipsel zusammenkehren
Und sie neu zu basteln, für Elisas Traum
In meinem Großhirnrindenschneideraum
Mit meinem Monitor für die Außenwelt
Der mich stets am Laufen hält
Und ich mag die Arbeit
Und ich mag meinen Menschen
Sie ist nicht allzu dumm und geht gern dancen
Sie hat hübsche Freunde und bald einen Freund
Von dem sie jetzt natürlich täglich träumt:
Von Küssen in der Sternennacht
Seinem Arm, der über ihre Schultern wacht
Von seinen Augen, seiner Stimme
Träumt sie täglich, dass sie ihn gewinne
Was ich stets versuch, dabei zu verstecken:
Persönlich würd ich am liebsten brechen
Spaß macht das nicht, die rosa Brille
Ich merk schon, sie wird langsam irre
Doch ich mach, was mir geraten:
Schöne Träume in vielen Arten
Doch seit grade eben seh ich rot
Denn ich hörte diesen Dialog:

»Boah Elisá, ich hab gestern Nacht geträumt, dass dieser Kevin aus der B-Klasse mich angemacht hat, das war SO EKELHAFT! Und dann hat er mich einfach auf den Mund geküsst und ich find den doch eigentlich total doof und ich will doch gar nicht, dass der mich küsst, weil er doof ist und Kevin heißt und in der B-Klasse ist. Aber im Traum wars halt so und da wars voll schön … und meine Mama sagt, dass Träume immer was bedeuten und jetzt weiß ich auch nicht. Was sagst du dazu?«

Soweit nichts Neues, ist mir klar
Mich schockte, was die Antwort war:
»Hm. Keine Ahnung. Ich träum nie was.«

Ah! Was tut sie mir da an?
Hab stets mein Werk sehr gut getan
Hab 5.213 Träume gebaut
Ohne auch nur einen Hauch
Von Lohn oder Dankbarkeit
Dieses dumme Menschenweib
Dieser Bastard, dieses Balg!
Pass auf, die Rache, sie kommt bald
Ich kram in allen meinen Laden
Muss ich doch noch alles haben
Was zu dunkel, grausam, schrecklich war
Für die Träume meiner Elisá
Doch jetzt, jetzt ist bei mir gar Schluss
Mit diesem Einsatztodeskuss
Hat ihr Schicksal sie besiegelt
Und alles, was bislang verriegelt
In Schränken, Truhen, Boxen, Kisten
All die Lügen, Tränen, Listen

Suchen sie heute Nacht noch heim:
Angst und Tod und Schneckenschleim
Horror, Panik, Tränen, Clowns
Verfolgung, Dunkel, Gewitter, Rauch
Mario Barth, ihr Onkel nackt
Voldemort, two girls one cup
Der Horrorfilm von vor vier Jahren
Ihre Eltern, die sich paaren
Das Monster im Kleiderschrank
Und die Zinsen von der Sparda-Bank
Alles das kriegt sie zu spüren
Ohne zu wissen, woher sie rühren
Die Alptraumfetzen, die sie plagen
Und sie wird es nie erfahren

Nacht 1:
Der Tag war schön, sie geht zu Bett
Macht es sich besonders nett
Denn morgen trifft sie Jonas dann
Zum Date, das allererste Mal!
Und ich schicke meinen Raben
Meinen Schwarz- und Dunkelkameraden
In den Traum vom Date mit Eis
Auf dass er ihr in den Becher scheißt!
Sie merkt es nicht und isst es dann
Kotzt daraufhin den Jonas an
Hat ihren BH vergessen
Fängt an, vor Scham sich einzunässen
Beißt ihm beim Abschiedskuss die Zunge ab

Blut und Tränen nicht zu knapp
Sie weint und er verblutet dann
Und sie allein ist schuld daran
Tags darauf, ihr ahnt es schon
Bekomm ich erstmals meinen Lohn
Denn vor Müdigkeit, da sieht sie schrecklich aus
Und lässt das Date deswegen aus
Doch vom Traum, da hat sie nichts erzählt
Selbst jetzt lässt sie mich unerwähnt
Du kleines Miststück, schau nur her
Woher das kam, da gibt's noch mehr

Nacht 2:
Nun denn, auf in ein zweites Mal
Ich hab ja schließlich keine Wahl
Sie soll wissen, wer ich bin
dieses dumme Menschenkind
Sie soll einsehen, dass sie irrt
falsch durch ihre Kleinwelt flirrt
Sie soll leiden, weil ICH will
Weil ICH sage, sie muss und still
Und heimlich sie zerstöre
Wenn ich nur ihren Namen höre!
Elisá, pah, jetzt pass gut auf
Morgen kommst du sicher drauf
Was du geträumt hast, letzte Nacht
Wenn du überhaupt erwachst
Verfolger, eine dunkle Gasse
Regen, aber tränennasse

Wangen – ein Schrei!
Die letzte Chance auf Flucht vorbei
Er hat sie, packt sie grob im Kragen
Will sie in sein Auto laden
Und dann – AH! Das dumme Kind
Das so stark vor Angst sich wind't
Ist von all der Panik und dem Krach
Leider mir jetzt aufgewacht
Sie schreit, sie schwitzt, springt aus dem Bett
Rutscht barfuß auf den Dielen weg
Kopf ans Bett, jetzt Blut in Echt
Wow, das ging ja schnell – Nicht schlecht

Und jetzt liegt sie im Koma brach
In ihren Krankenhausgemach
Schläft dort traumlos vor sich hin
Weil ich ab jetzt beurlaubt bin

Yannik Sellmann

Yannik hat eine sehr gute Entscheidung getroffen. Er ist für sein Studium von Bonn nach München gezogen. Dort hat er sich seinen ersten Slam im Substanz angesehen und bald darauf die Gelegenheit ergriffen, sich auf einer offenen Liste einzutragen und selbst auf der Bühne zu stehen. Von da an ging es fast senkrecht nach oben. Mit seiner schnellen und schrillen Textperformance gewann er Slam um Slam und ergatterte einen Startplatz bei den bayerischen Meisterschaften 2016. Für viele in der Szene war er noch ein Unbekannter, was sich jedoch schlagartig änderte, als der ›Zuagroaßte‹ den Titel holte. Yannik bezeichnet Poetry Slam allerdings immer noch als ein Hobby, denn seine Zukunft sieht er nicht in einer Bühnenkarriere, sondern in der Medienlandschaft. Doch bis es soweit ist, schreibt er weiterhin Texte und ruft sie lautstark dem Publikum entgegen.

Youtube

»DA IST YTITTY!!! ICH GLAUBE ICH BIN AM STERBEN MANN!!!«
Ich weiche einem Rudel 14-jähriger Mädchen aus, das mich fast umgerannt hätte. Ich stehe vor der Lanxess-Arena beim Videoday. Ich, Luis und Simon, zwei meiner Freunde, haben uns verkauft. Wir wollten zur Gamescom, die nebenan ist. Jetzt sind wir beim Videoday, dem jährlichen Meeting aller ›YouTube-Stars‹ mit ihren Fans. Die Fans sind 14- bis 16-jährige Mädchen, die sich alle angezogen haben wie Vorstadtprostituierte, wohl der Illusion hinterherrennend, so den Beischlaf mit ihren großen Stars zu erreichen. So rennen knapp zehn 30-köpfige Gruppen von nuttig angezogenen, minderjährigen Mädchen wie eine Horde aufgeschreckter Hühner von einem vermeintlichen Star zum nächsten, immer mit markerschütternden Schreien wie ›OH MEIN GOTT! DA IST DNER!‹, oder ›AAAHHHHHH, LEFLOID!!!‹
Wir gucken uns das kurz an und als wir das Prinzip verstanden haben, steigen wir mit ein. Das läuft dann folgendermaßen: Wir googlen die Namen einiger YouTuber, dann läuft einer von uns weg und die anderen beiden rennen ihm schreiend hinterher. So hält sich Luis meine Jacke über den Kopf und fängt an zu laufen, während Simon und ich laut brüllen: »SCHEISSE ALTER DAS IST IBLALI!!!«

Das funktioniert wie geschmiert. Luis wird sofort von 200 Teenagern begraben. Dann fängt Simon an wegzurennen, während ich brülle:
»LEUTE!!! DA LÄUFT ANDRE VON APECRIME!!!«
Auch Simon wird ohne Verzug von einer Gruppe Heranwachsender unschädlich gemacht.
Luis kommt indes mit einigen Schürfwunden zu mir zurück und meinte, er hätte eine Idee. Wir klauen einem verpickelten Teenager den Selfiestab aus der Seite seines Rucksacks, legen mein ausgeschaltetes Handy hinein und fangen an, uns um den Selfiestab zu drehen und in Richtung Telefon zu sprechen:
»Ja hi, wir sind wieder da – eure Boyzzzz! Wir sind hier gerade beim Video Daaaayyyy.«
Sofort sind wir von Autogrammbüchern und Teenies umzingelt. Völlig überrumpelt werde ich gefragt, wie unser YouTube-Channel denn heiße.
»Ööööhh, Bobos Beauty Schloss«, sage ich mit Selbstvertrauen in der Stimme.
»Wir machen Nagelpolitur, Lernvideos, filmen uns beim Einkaufen und sind bekannt geworden durch unsere Serie ›19 Dinge, die auf Fußnägeln richtig dope aussehen‹.
»Wir haben bald 100.000 Abonennten«, fügt Luis hinzu. Die Teenies schauen uns an, als wären wir gerade mit einem Passagierflugzeug ins World Trade Center geflogen. Dann kann sich eine nicht mehr halten: »IHR SEID BOBOS BEAUTYSCHLOSS?!«, schreit sie verzückt.

»ICH LIEBE DIESEN CHANNEL!!! IHR MÜSST MIR ALLES ERZÄHLEN. WIE SEID IHR DENN DARAUF GEKOMMEN, AVOCADOERDNUSSLACK HERZUSTELLEN? OH, IHR SEID SO GEIIILLLLL!«
Noch während sie redet, wirft sie sich zwischen uns und schießt 2.000 Selfies in drei Sekunden. Auf dem Platz scheint es sich inzwischen herumgesprochen zu haben, dass die Typen von Bobos Beauty Channel am Popcornstand stehen, denn die Traube um uns herum wird immer größer, sodass auch Simon schließlich wieder auftaucht. Er hat seinen linken Arm verloren. Die Leute fragen uns, was wir als Nächstes planen upzuloaden. Wir sagen, dass wir sowohl ein ›Let's Play Halma‹ sowie ein ganz versiertes Video mit dem Titel ›Steuererklärung verfassen in REAL LIFE!‹ am Start haben.
Die Minderjährigen hängen uns an den Lippen. Luis kriegt einen Tanga ins Gesicht geworfen. Wir sind endlich berühmt. Dann drängelt sich ein etwas übergewichtiger 18-Jähriger zu uns hin. Er ist sauer. Er erklärt uns wütend, dass er Bobo von Bobos Beauty Schloss sei. Wir würden seine Fans klauen. Wir schauen auf ihn herunter. Er hat ein ›MyLittlePony‹ T-Shirt an und einen Brustbeutel. Wir machen einmal so (*KOMM DOCH HER*) und Bobo rennt weinend davon. Die ganzen Teenies rennen ihm hinterher und schreien, wie toll es ist, dass er weint, weil er so relatable ist.

YouTube scheint versiert eine Marktlücke getroffen zu haben, diskutieren wir unter dem immer wieder aufkommenden Kreischen hinter uns. Minderbemittelte Jugendliche haben endlich Prominente, die genauso minderbemittelt sind wie sie selbst.

Zum Beispiel Unge, einen YouTuber mit Rastalocken. Den treffen wir Backstage, denn wir haben uns erfolgreich als ›Schmollotoni‹ ausgegeben, dem hottesten YouTube-Channel in München. Hier scheint wirklich alles zu gehen. Luis sagt, er kennt Unge. Unge fängt an zu weinen. Sofort kleben zehn Mädchen mit ihren Gesichtern an der Scheibe und schreien, Unge wäre so cool und relatable, weil er seine Emotionen rauslässt.

Die Bühnenshow fängt an. Vom Backstage aus sehen wir uns den ersten Act an. Zwei 15-Jährige singen einen Rap-Song, der nur einen Satz Text hat:

»HEB DEN CHEESEBURGER HOCH, HEB DEN CHEESEBURGER HOCH!«

Die Menge tobt. Einer der Perfomer wirft einen Cheeseburger in die Menge. Die erste Reihe wird ohnmächtig. Dann kommt ein Kerl mit Bart auf uns zu. Er sagt uns, Schmollotoni wäre jetzt dran. Luis googlet. Tatsächlich. Der Spaß-Kanal, den wir vor zehn Minuten erfunden haben, hat schon 50.000 Abonnenten. Wir gehen auf die Bühne. Simon holt sich eine Gitarre und Luis fängt an zu beatboxen, während ich freestyle-rappe. Ich fange an mit einigen Überbrückern, weil mir nichts einfällt:

»Oh yeah, Videoday 2015, oh yeah, wie geht's euch? Uh. Wir sind Schmollotoni. Yeah. Die Hütte brennt.« Die Halle eskaliert komplett. Weitere Unterwäsche fliegt auf die Bühne. Dann fällt mir was ein:

»Yeah, die Hütte brennt
Als wäre ich Clark Kent
Wir sind Schmollotoni
Haben Links verschenkt
Haben Likes verschickt
Haben Dikes verklickt
Und Haftbefehl gepflegt
In seinen Arsch gefickt
Wir sind Schmollotini
Die Hütte brennt
Wir sind Schmollotoni
Seht zu, dass ihr es nicht verpennt
Wir sind Schmollotoni
UND DIE HÜTTE BRENNT!!!«

Diesen ›Refrain‹ wiederhole ich dann zwölf Mal. Erdbebenartiges Gekreische zieht auf. In der Mitte des Publikums höre ich drei Gehirne platzen. Unser Auftritt ist vorbei. Wir weinen, weil wir so relatable sind. Dann gehen wir von der Bühne.

Wir verlassen die Lanxess Arena und gucken uns in einem Pub das Abendfußballspiel an. Unser Abenteuer endet mit einem Satz von Luis:

»Alter«, sagt er perplex, »sind wir jetzt dümmer, weil wir im Wald mit Stöcken Krieg gespielt haben, oder einfach nur arm dran, weil wir im Wald spielen mussten?«

Simon und ich gucken uns an und nicken stumm. Dann piept mein Handy. Schmollotoni hat gerade die zwei Millionen Abonnenten erreicht. Wir gucken uns an und nicken. Ich gehe auf unser YouTube-Profil und lösche den Channel sofort. Diese Karriere nehme ich nicht mal geschenkt an.

Flo Langbein

Egal, wie lang dein Bein ist ... Nein, da wird kein Witz daraus. Dass Flo Langbein einmal zusammen mit Martin Hönl beim Bayernslam einen Drink namens ›Speiwasser‹ erfunden hat, der lediglich aus Pfeffi und Eierlikör besteht, ist leider auch kein Witz, sondern bittere Realität. Gut, immerhin mit Minzgeschmack. Neben solch kulinarischen Experimenten widmet sich der Bamberger hauptsächlich der Verknüpfung von Punkrock und Slampoesie, was er auf der Bühne auch auslebt. Da wird nicht starr hinter dem Mikroständer gestanden, sondern gelaufen, gesprungen, getorkelt und auf einem Bein hüpfend Luftgitarre gespielt. Als er mir nach so einem Auftritt erzählte, dass er vorhat Lehrer zu werden, staunte ich nicht schlecht. Aber nachdem er mir von seinem Nachwuchs-Slam in Bamberg berichtete und dass er Schülern gerne kreatives Schreiben und Lyrik näher bringen würde, klang das doch wieder ziemlich nach Punkrock. Warum Flo es jedoch gar nicht gerne hört, wenn man ihn einen Rebell nennt, erfahrt ihr im folgenden Text.

Kein Rebell

Nein, ich bin kein Rebell
Ich tue einfach nur das, was ich will
Rebell ist so ein erwachsenes Wort
Es trägt allen Spaß des Ich-Seins fort
Rebell – ein Wort für Erwachsene
Sie meinen einen
Der sich nicht in ihre Ordnungen fügt
Ich bin nur einer
Der sich das Glücklichsein nicht vorlügt

Ich weiß noch im Herbst sind wir
Immer an dieser alten Kastanie stehengeblieben
Und haben zugesehen wie die gelben
Und roten Blätter durch den Wind trieben
Bin ich ein Rebell
Weil ich immer noch stehen bleibe?
Weil ich mich immer noch
An denselben Orten herumtreibe?
Wir brauchen Illusionen, wir brauchen Helden
Helden, wie die Gummibärenbande
Die Trolle besiegen und Herzog Ikzorn bekriegen
Wir brauchen Helden
Die durch den Märchenwald springen
Und das Böse bezwingen
Und die uns sagen: Kopf hoch und steh auf
Und nicht: Alles verloren – scheiß drauf

Ich habe ungefähr 80 Jahre auf dieser Welt
Warum sollte ich nur 20 davon tun, was mir gefällt?
Warum sollte ich mich danach
In Knechtschaft begeben
Und 60 Jahre für Geld und für die Erben leben?

Habt ihr auch schon bemerkt
Wie das System uns fickt?
Unsere Arbeitskraft ausbeutet
Uns mit Geld beglückt?
Wir brauchen Helden
Die für das Richtige streiten
Helden, die unseren Kampf
Gegen das Erwachsensein leiten!
Ich will nie die Illusionen meiner Kindheit verlieren
Will nie aufhören zu träumen will nie akzeptieren
Dass ich nie mit Gummibären
Durch die Wälder springe
Und dabei die Titelmelodie
Der Gummibären singe
Wäre es nicht schön
Wenn wir diesen Trollen
Unsere nackten Hintern zeigten
Uns nicht mehr vor der Erwachsenenwelt verneigten
Sondern einfach – wie sie es sagen
Unser Leben vergeigen?

Sobald man anfängt seine Grenzen zu akzeptieren
Fängt man an zu sterben
Und ich will nie
Nie im Leben erwachsen werden

Ich sehe, wie die Herren von den Stadtwerken
Die Armee von Laubbläsern, Rechen und Harken
Diesen wunderschönen Laubhaufen aufgetürmt hat
Stolz stehen sie davor – vor ihrem Dienst für die Stadt
Ich bekomme Lust dich bei der Hand zu nehmen
Kräftig Anlauf zu nehmen
Und mitten hinein zu springen
Und dabei die Melodie
Der Gummibärenbande zu singen
Wir werden uns mit Laub bewerfen
Uns ist es scheißegal wenn die Herren in orange
Schon ihre Messer schärfen
Und mitten im Laub werde ich dich dann küssen
Einfach so weil ich dich mag
Und ohne, dass wir uns später vermissen
Ich pack dich bei der Hand, nehme Schwung
Und du lässt mich los
Ich bin allein im Sprung
Allein in der Landung
Der Laubhaufen ist riesengroß
Du lässt dir echt was entgehen
Doch während wir uns in die Augen sehen
Spüre ich deinen fragenden Blick

Und ich trete aus dem Laubhaufen zurück
Früher wärst du mit mir gesprungen
Früher wäre uns das Laubchaos gelungen
Ich spüre, du meinst erwachsen geworden zu sein
Ich meine, dein Horizont ist einfach zu klein
Hast du vor lauter Bürokram und Statussymbolen
Vor lauter Anpassung und Sorge um die Kohlen
Vergessen, wie wir früher durch den Wald rannten
Uns ins Moos warfen, nichts als Vergnügen kannten
Wie wir an Stöcken schnitzten
Uns dabei in die Finger ritzten
Wie wir Schnecken und Kaulquappen sammelten
Und nicht Abend für Abend
Alleine vor dem Fernseher vergammelten
Erinnerst du dich noch daran, was passiert
Wenn man Gummibärchen mit dem Feuerzeug röstet
Der verbrannte Fleck auf dem Sofa ist oft das Einzige
Das mich in dieser kalten Welt tröstet
Ich ernte einen traurigen Blick
Und du streichelst mir die Wange
Du sagst, die Arbeitswelt
Nimmt dich ziemlich in die Zange
Und ich kleiner Rebell
Ich soll weiter tun, was ich will
Aber ohne dich

Vielleicht sollten wir alle wieder so tun
Als wären wir Kinder

Das ist besser als sich ins Berufsleben zu drängen
Wie auf die Schlachtbank die Rinder
Vielleicht sollten wir uns alle bei den Händen fassen
Anstatt jeder für sich das System zu hassen
Ich will beim ersten Date zugeben, dass ich zu
AC/DC Luftgitarre spiele
Ohne dass ich mir dadurch bei dir
Alle Sympathien verspiele
Ich will Kastanienmännchen bauen
Und meinen Kommilitonen das Pausenbrot klauen
Ohne dass ihr die Augen verdreht
Mich Kindskopf nennt und dann geht!
Ich will wenn ich mir den kleinen Finger abschlecke
Und ihn dann ihn eure Ohren stecke
Dass ihr mit mir gemeinsam lacht
Und nicht so einen auf erwachsen macht
Die Augen verdreht
Und dann geht!

Bürokratieabbau ist
Dass niemand seine Steuererklärung abgibt
Und der Finanzbeamte
Sich wieder in die Gummibären verliebt
In Syrien gäbe es keinen Krieg mehr
Wenn Präsident Assad träumen würde, er sei ein
Gummibär!
Finanzkrise können wir dann vergessen
Wenn Banker all ihre Macht vergessen
Nur noch Gras rauchen und den Wolken zuschauen

Und keine Luftschlösser für die Politik mehr bauen!
Obama kann aufhören, der Merkel
Beim Telefonsex zu lauschen
Wenn sie sich beide einfach gemeinsam berauschen
Sie würden sich erinnern
Was sie in ihrer Jugend für Scheiße getrieben
Vielleicht wären sie dann
Feuerwehrmann und Konditorin
Jedenfalls ewig Kind geblieben!
Nennt mir einen Politiker
Der seine Kindheit nicht vergessen hat
Und sagt nicht Berlusconi
Der ist auch nur ein beschissener Finanzmagnat!

Religionen wären doch richtig spannend
Und interessant
Wenn die Priester nicht behaupteten
Dass ihr imaginärer Freund die Welt erfand
Imaginäre Freunde zu haben
Ist doch nicht verkehrt
Wenn man sich nicht dauernd
Über die der anderen beschwert
Stattdessen gemeinsam feiert
Der Pfaffe, der Rabbi und der Imam
So als ob sich nie jemand
Für seinen ausgedachten Freund das Leben nahm

Ich glaube wir können Diktaturen zerstören
Wenn wir uns nur besser zuhören

Wenn wir öfter an unsere Kindheit denken
Und uns weniger für Trolle verrenken
Wir können Kriege in dieser Welt beenden
Wenn wir aufhören so viel Energie
Aufs Erwachsensein zu verschwenden
Ich glaube, wir können unsere verkorkste Welt
Wieder ins Lot bringen
Wenn wir gemeinsam
Die Melodie der Gummibärenbande singen

Felix Kaden

»Vielleicht gebe ich bald mal eine Bayern-Anthologie heraus«, sagte mir Felix, als meine Arbeit an diesem Buch zu zwei Dritteln abgeschlossen war. Glücklicherweise war mir kurz zuvor eine Autorin abgesprungen und ich konnte Felix überzeugen hier mitzumachen, statt eine eigene Anthologie bei seinem Verlag zu veröffentlichen. An dieser Stelle möchte ich ganz beiläufig erwähnen, welch wunderschöne Bücher der Tinx-Verlag im Programm hat.

Felix hätte vor ein paar Jahren beinahe sogar Poetry Slam erfunden – wenn es das nicht schon gegeben hätte. Grund dafür war eine Band, für die er Texte schrieb, bis sie sich aufgrund von Beziehungsproblemen auflöste und er nicht mehr wusste wohin mit seinen Texten. Zum Glück gab es aber schon Dichterwettstreite, wie er sich das vorgestellt hatte und seitdem bleibt er dem Slam treu. Wenn er nicht selbst als Poet auf der Bühne steht, sorgt er als Slam-DJ für passende musikalische Begleitung oder moderiert eigene Veranstaltungen in Franken.

Scheitern

Wir sitzen an einem x-beliebigen Fluss
Konsumieren Rauchwaren
Philosophieren, ob wir am Ende der Welt
Nur Schall und Rauch waren
Verschenken Worte, ohne ein Wort zu verschenken
Bedauern das Verrenken für Geld, ohne einzulenken
Man redet übers Welt Retten und sich selbst opfern
Über Zukunftspläne, ob nah ob fern
Gegen das Erwachsenwerden wehren
Gegen das System aufbegehren
Ich mach mein Ding und Scheiß aufs Erbe
Betrunken kommst du heim und schreist laut:
Ich will so vieles werden!

Ich will alles Leben, bevor ich sterbe. Musiker und Poet auf einer Bühne, die Welt als Kunst verstehen. Irgendwann als Skipper diesen blauen Ball umsegeln. Und dann hinabsteigen als Tiefseetaucher und wenn ich abgetaucht bin, will ich hoch hinaus und werde Raketeningenieur oder Astro – not!

Sagen deine Eltern und du baust deine Zukunft in der Kuh-Zunft, als Förster in den Wäldern oder in der Gastro auf.
»Mach was Bodenständiges! Denn die Erfahrung zeigt: Wenn du ständig am Boden bist, fällst du nicht

so weit. Als Musiker wird man in Akkord bezahlt.
Als Poet verdient man nur mit Pointen. Als Skipper
kannst du sterben. Bleib lieber am Land, Junge. Und
Astronaut? Dir haben sie wohl ins Hirn geschissen.
Dafür musst du ja studieren. Wer soll uns dann helfen willst du, dass wir den Hof verlieren?«
Und als er aufbegehren wollte, hagelt es neben
Wortsalven auch Nierenhaken.

An dem Tag brach nicht nur die Rippe
Mit 18 zieht er aus
Im Mundwinkel zieht er an einer Kippe
In der Hand den Abschluss der Lehre
Im Kopf einen Traum
Scheiß drauf was die anderen sagen
Ich flieg in den Raum
Es ziehen Jahre ins Land
Sein Wille ungebremst, sein Verstand ungebannt
Doch der Eignungstest entscheidet
Dass seine Welt zusammenbricht
Den 10 G der Zentrifuge
hält die Rippe nicht mehr stand
Als er auf die Toilette rennt
Aufschrei und Blut erbricht – Er bricht
Die Welt hätte es ihm gegönnt, nur die anderen nicht
Er weiß nicht wie weit es geht
Nicht wie weit er gehen kann
Wann muss man einsehen

Das man sich nicht bewegt
Wann fängt man von vorne an
Er war so nah dran
Der Chirurg fängt mit der Naht an

Als Poet könnte ich es jetzt dramatisch traurig enden lassen. Dass er sich, vom Kreislauf der Dinge entfacht, sich und seine Eltern ein Leben lang hassend, in jeder Bar betrinkt, die er betritt.
Oder pathetisch glücklich:
Obwohl es ihm in Europa verboten scheint
Macht er in Südamerika seinen Pilotenschein
Und wird Skipper seiner eigenen Boeing
Und fliegt durch die Wolken, als wären sie Bojen

Diese Welt trägt beide Geschichten
Diese kann man beide verdichten
Doch damit sie mehr pathetische Happy Endings hat
Kommt zum Abschluss ein Mut-mach-Part:
Man scheitert oft im Leben
Hexen scheitern auf Scheiterhaufen, haufenweise
Sie steht fast immer zum Hals
Manchmal muss man in die Scheiße tauchen
Jauchereise
Man entscheidet sich mal falsch
Denn das Leben trägt tausend Zweige
Wie 'ne Trauerweide
Auch wenn du nichts dafür kannst

Du kannst weiter laufen – auf und weiter!
Wir alle müssen Leid tragen
Dafür gibt's keinen Leitfaden
Man kann nun mal nicht weissagen
Wann wir Glück und Pech haben
Bist du ausgebrannt
Dein Traum gebrandschatzt
Stehst nur auf einem Bein, weil du dich getraut hast
Sei wie ein Flammmingo – auf einem Bein standhaft
Bleib Feuer und Flamme, lodernde Hitze
Nur wenn man verlieren kann, gibt es Nervenkitzel
Stehen bleiben, Zähne zeigen
Irgendwann bist du eh Tod.
Bis dahin kannst du weiter fighten
Lieber durchs Scheitern
Ein gebildeter Mensch werden
Als immer alles richtig machen
Und als eingebildeter Mensch sterben
Auch wenn es nicht gleich klappt
Und auch wenn es weh tut
Gib den Dingen Zeit
Leg dich wie ein Fakir nieder
Wenn du wieder bereit bist, dann fordere dich heraus
Und zieh deinen Rapier, Krieger
Besiege deine Angst
Geh raus und schnapp sie dir, Tiger
Und wenn du mal geknickt bist
Dann sei ein Papierflieger

Kevin Reichelt

Mit Kevin haben wir gewissermaßen einen Frührentner der Slamszene mit im Programm. Zwar moderiert er immer noch den Brüllaffen-Slam in Ingolstadt, doch ansonsten trifft man ihn nicht mehr auf der Bühne an. Einzig der Kindergeburtstag seiner Tochter wäre ein Event, wo er jederzeit sofort auftreten würde. Das Schreiben ist für Kevin allerdings immer noch sehr wichtig. Nicht nur in seinem Beruf als Sportjournalist, sondern auch als Hobby begleitet es ihn durch den Alltag. Zwei Jahre lang habe ich mit Kevin in einer WG gewohnt, also zumindest haben wir das behauptet. Es war Teil eines Lesebühnenkonzepts, das wir mit ein paar Freunden auf die Beine gestellt hatten. Aus dieser Zeit kann ich berichten, dass Kevin nicht nur jeden schlechten Witz feiern kann, sondern auch das ›tanze, als ob niemand zusieht‹ perfektioniert hat. Nämlich auf der Bühne.

Mathematik

Hallo lieber Freund,
wie geht's dir?
Was machst du dieses Wochenende?
So oder so ähnlich geht es jetzt über Jahre.
Das Gelächter über unsere eigenen Witze
ist die Melodie des Alltags.
Das Aufsetzen der Gläser auf der Theke
ist der Beat, der unsere Freundschaft antreibt.
Die Gespräche sind das Salz in der Suppe,
die verdammten Schulstunden nur trockenes Brot,
das man uns dazu serviert.
Wir essen es, auch wenn wir nicht wirklich Hunger
haben. Wir schlingen es herunter.
Die Abende, der Schimmer am Horizont,
den Poeten Hoffnung beim Vornamen nennen;
der Morgen danach, die Faustschläge eines dreißig
Meter großen Boxers, der uns
auf den Boden der Tatsachen holt.
Das ist unser Leben – Freitag bis Freitag.
Immer wieder von vorne,
immer wieder dieselben Geschichten,
dieselben Gesichter,
dieselben Abende.
Wir haben so viele Freunde und kennen jeden besser
als uns selbst.
Irgendwann volltrunken an der Bar

übermannt uns die Melancholie,
umhüllt uns wie Nebel und
verschlingt uns,
während wir uns verträumt ansehen und wissen:
»Ich bin froh, dich zu kennen. Das hier ist die beste
Zeit unseres Lebens.«

Hallo lieber Bekannter,
wie geht's dir?
Verdammt lang ist es her, dass wir uns gesehen
haben. Was hast du letztes Wochenende gemacht?
Krass. Ich hab auch nichts getan, krass.
Weißt du noch damals, wie wir in der Bar die Gläser
auf der Theke zerbrochen haben?
Haha krass, oder? Wahnsinn.
Wie wir damals drauf waren,
und die Lehrer erst!
Was machst'n jetzt so?
Ah, studieren, okay.
Und wie läuft's?
Ganz gut, sagst du? Bachelor bist du jetzt?
Krass.
Und Master jetzt noch?
Auslandsjahr in Australien.
Cool. Cool.
Und Prüfungen?
Ja, muss ja, haha.
Na Hauptsache bestanden, was?

Immerhin ist eine Vier auch bestanden und
bestanden ist eben gut, also eine Zwei.
Und mit den Mädels?
Jaja, du alter Schlawiner, so kennt man dich.
Krasser Typ, krasser Typ, Alter!
Aber hey - weißt du was?
Wir müssten echt mal wieder was machen.
So wie früher. Mit den alten Leuten.
Ja, wir müssen uns öfter sehen.
Ich vermisse ja die Zeiten von früher,
das war schon 'ne richtig coole Zeit.

Hallo Fremder,
na, wie geht's dir?
Wie lange ist das jetzt her?
Drei Jahre?
Mensch, es kommt mir vor,
als wären es nur sieben.
Wie gingen die Witze noch gleich, über die wir
lachten? Ich kann mich nicht mehr an die beiden
erinnern. Gelacht haben wir trotzdem immer drüber,
obwohl sie so dumm waren.
Apropos dumm, was waren unsere Lehrer doch für
Vollidioten!
Aber mal ehrlich, ich konnte die eigentlich ganz gut
leiden. Ich konnte nur mit dir immer so gut lästern.
Wo wohnst du denn jetzt?
Da in der Gegend? Du traust dich ja was.

Ganz viele Jugendliche sieht man doch da jetzt immer, immer mit ihrem Alkohol und der lauten Musik.
Schlimm.
Wir – wir haben den Wodka ja noch mit Stil getrunken. Aus Gläsern.
Also Glasflaschen.
Heute nutzen die Plastikbecher. Die denken gar nicht mehr an die Umwelt.
Erinnerst du dich noch an die Bar, in der wir immer standen und uns aneinander festhielten, damit wir nicht umfallen?
Jedes Wochenende war das so.
Mensch, was waren wir betrunken.
Eigentlich richtig ekelhaft.
Genauso wie der ganze Rauch damals, weil alle geraucht und gekifft haben.
Richtig schlimme Zeiten.
Weißt du, was aus all den Vollidioten von damals geworden ist?
Den einen, hier den Dings, der damals in die Schule gepinkelt hat, den hab ich mal wieder gesehen.
Ganz heftig abgestürzt.
Konnte den ja noch nie leiden.
Wie die meisten eigentlich.
Und dich?
Dich fand ich auch ganz ok. Meistens.
Wenn du was in der Bar gezahlt hast.
Oder mal 'ne Kippe hattest.

Oder die Hausaufgaben zum Abschreiben.
Oder eine Erkältung und gefehlt hast.
Was?
Ich habe mich verändert sagst du?
Nein – Unsere Jugend hat sich verändert.
Sie ist wie der eine Song da von Smudo und seiner Gang:
Sie ist weg – weg!
Und du bist wieder allein, allein.
Sie war whack – whack!
Jetzt ist's schöner allein zu sein.
Sie ist weg – weg!
Will so auch nie mehr sein, oh nein.
Vielleicht haben wir uns verändert, ja.
Ganz bestimmt sogar, denn so spielt das Leben
und wenn ich heute mit dir rede, ist es,
als hätten wir schon alle Karten auf den Tisch gelegt
und der Kartenstapel ist fast leergespielt.
Alle Könige und Asse sind verteilt, jeder hat ein paar bekommen.
Ich kann auch keinen Joker mehr ziehen, da sind nur noch Nieten.
Denn mittlerweile haben wir gelernt, dass wir nicht mehr Bekanntschaften sammeln,
sondern wahre Freundschaften jagen und schätzen sollten.
Und du fragst mich, ob wir noch Freunde sind,
doch ich frage dich,
ob wir jemals welche waren.

Weil wir uns nichts mehr zu erzählen haben,
weil wir uns nie etwas zu erzählen hatten.
Unsere Bekanntschaft ist auch durch ständige
Umarmungen keine Freundschaft geworden.
Das alles war doch nur trockenes Brot,
während wir jetzt mit ein paar wenigen die leckere
Suppe auslöffeln.

Lieber Freund,
wie geht's dir?
Weißt du noch damals, im Mathematikunterricht?
Ich weiß, du hast es gehasst.
Ich auch.
Nur das war unser größter gemeinsamer Nenner,
mehr war da nicht.
Aber wir hätten trotzdem aufpassen sollen.
Dann hätten wir gewusst,
dass man früher oder später
auch mit Unbekannten rechnen muss
und nur auf wenige seltene
Konstante immer zählen kann.

Steven

»Weil Slam hart süchtig macht«, ist der Grund, warum Steven neben seinem Vollzeitjob bis zu drei Mal pro Woche abends auf der Bühne steht. Doch weit vor seiner Karriere als Slammer, war Steven Hip-Hopper. Damals in der fünften Klasse schrieb er krassen Deutsch-Rap für seine (leider immer unglücklichen) Liebschaften. Irgendwann musste er jedoch einsehen, dass er nicht so krass war, wie er anfangs dachte. Weitergeschrieben hat er trotzdem. Mit einem Text über seine damalige Heimatstadt Bayreuth gelang ihm dann endlich der internationale (will sagen: fränkische) Durchbruch in der Slamszene. Vor seinen Auftritten hat er immer noch enormes Lampenfieber, aber sobald er die Bühne wieder verlässt, fühlt er sich sofort wie auf Entzug.
(Liebe Kinder – Finger weg von Drogen)

Regenbogen

Das Regal verbreitet Stil
Der Preis war wohl sehr hoch gewesen
Jedes Buch darin erzählte viel
Hätte wer mal eins gelesen

»Komm rein!«, sagte er stolz, als er mir die Tür zu seiner neuen Wohnung öffnete. Vor Kurzem war er mit seiner Freundin zusammengezogen und wollte mir nun ihr erstes gemeinsames Heim zeigen. Nervös hibbelig, wie ein Kind, das dem Papa gerade stolz einen selbst gemalten Regenbogen zeigt und sagt ›Da Papa, Bild!‹, führte er mich ins Wohnzimmer und sagte: »Da Digga, Wohnzimmer!«

Und genau wie das Kind erwartete mein Freund eine Reaktion. Nur dass das Kind erwartet, dass der Papa auf den Satz ›Da Papa, Bild!‹ so etwas antwortet wie: »Wow, schön! Also wirklich mein Kind. Das ist ein schöner Regenbogen. Warum noch nach draußen gehen und sich andere Regenbögen ansehen, wenn ich diesen doch jetzt zu Hause habe. Was ein Prachtexemplar. Und erst die Farben, mein Kleines. Die Farben: Rot, Orange, Gelb, Grün, Hellblau, Blau und Lila. Alle da. Wirklich alle. Ich bin entzückt. Ich glaube ich habe in meinem ganzen Leben noch nie so

einen schönen Regenbogen gesehen. Das ist jetzt mein Referenzregenbogen. Sollte ich jemals wieder einen Regenbogen in freier Natur sehen, werde ich dieses Bild nehmen und ihn damit abgleichen. Und wenn er nicht mindestens zu 50% genauso schön ist, dann ist es für mich kein echter Regenbogen, sondern höchstens ein billiges Regenbogenimitat. Nichts ist schöner als die Natur? Schwachsinn! Gegen diesen Regenbogen stinken alle anderen Regenbögen auf der Welt ab!«
Und dann freut sich das Kind, geht stolz zur Mama, zeigt ihr das Bild und sagt: »Da guck mal. Papa sagt, das ist jetzt sein Re... Rego... Reagenzhoden!«

Was soll man dem Freund in so einer Situation also sagen? Alles andere als ›Wow!‹ wäre doch eine üble Beleidigung gewesen. Denn du kannst deinen Freunden die Wahrheit sagen, aber gehe nie zu ihnen ins neue Wohnzimmer, setze einen kritischen, nachdenklichen Blick auf und sage: »Hm, das habe ich mir jetzt ehrlich gesagt gemütlicher vorgestellt.«

Also tat ich, was ich tun musste und sagte: »Wow.«
»Wow«, sagte ich.
»Schön. Also wirklich schön. Das ist ein schönes Wohnzimmer. Und erst die Möbel. Die Möbel. Wie seid ihr denn da drauf gekommen? Couch, Couchtisch, Fernseher, Fernsehtisch, Regal, Teppich, noch ein Teppich. Krass! Da habt ihr euch aber wirklich

was einfallen lassen. Da muss man ja auch erst einmal drauf kommen, auf die ganzen vielen Möbel und so. Schon schön! Also wirklich, wirklich schön!«

Aber wenn man so darauf reagiert, wenn man gerade ein neues Wohnzimmer gezeigt bekommt, wird man nur ungläubig angesehen. Und in einer nicht unerheblich großen Anzahl aller Fälle, glaubt das Gegenüber, man wolle es verarschen. Dabei tut man doch eigentlich nur das, was man erwartet, dass es von einem erwartet wird.
In diesem Moment wurde mir klar:
Erwartungen sind komisch. Und in vielen Fällen sind sie sogar paradox. Ein Beispiel: Wenn man einen neuen Job hat, oder vielleicht den ersten Job nach dem Studium, ist man einer Fülle an Erwartungen ausgesetzt. Die Leute wissen, was du studiert hast und erwarten deshalb, dass du bestimmte Dinge besonders gut kannst. Und natürlich erwarten sie, dass du dich zu Beginn besonders anstrengst, um die Dinge, die du noch nicht besonders gut kannst, bald besonders gut zu können. Wenn du dann einer derjenigen bist, der ihre Erwartungen erfüllt, sagen die Leute aber fast immer:
»Boah, das hätte ich nicht erwartet!« Das heißt, dass die Leute eigentlich gar nicht erwarten, dass ihre Erwartungen erfüllt werden.
Noch ein Beispiel: Viele Singles sitzen der Erwartung auf, zufällig dann jemanden kennenzulernen, wenn

sie es am wenigsten erwarten. Also gibt es Leute, die sich tatsächlich vornehmen, zu erwarten, sowieso niemanden kennenzulernen in der festen Erwartung, genau dann jemanden kennenzulernen. Und wenn sie dann tatsächlich jemanden kennenlernen, sind sie meistens überrascht und sagen, dass sie endlich wieder an das Schicksal glauben können, obwohl sie es ja eigentlich genau so erwartet hatten und es sogar logisch wäre, wenn sie sagten:
»Das habe ich erwartet. Ich habe ja nichts erwartet.«
Und deshalb war es eigentlich von Vornherein unmöglich, den Erwartungen meines Freundes gerecht zu werden, als er mir sein neues Wohnzimmer zeigte. Denn woher hätte ich wissen sollen, ob er das, was ich erwartet hatte, was er von mir erwartet, wirklich erwartet? Und wie hätte ich diese Erwartungen dann erfüllen sollen, wenn er eigentlich gar nicht erwartet, dass sie erfüllt werden?

Wobei es dann Leute gibt, die mir sagen, dass er wahrscheinlich einfach nur erwartet habe, dass ich seine Freude über die gemeinsame Wohnung mit seiner Freundin teile. Was ja sogar ein nachvollziehbarer Ansatz wäre. Ich frage mich dann aber: Wie soll ich mich darüber freuen? Ist ja nicht meine Wohnung. Und was noch viel trauriger ist: Ist nicht meine Freundin!
Aber das mit dem Gefühle teilen ist auch etwas Komisches. Auf der einen Seite sagt man, geteilte Freu-

de sei doppelte Freude. Auf der anderen Seite sagt man, geteiltes Leid sei halbes Leid. Ich frag mich dann immer: Wer hat sich dieses revolutionäre, mathematische Konzept ausgedacht?

Ich habe es zumindest noch nie erlebt, dass einer meiner Freunde mal zu mir kam und sagte:
»Hey du, sorry, dass ich mich so lange nicht gemeldet habe. Aber deine Trennung, Alter, deine Trennung hat mich wirklich total fertig gemacht. Ich hab die letzten drei Wochen nur im Bett gelegen, habe das Bild deiner Exfreundin angeschaut und dabei geweint.«
Und ich dann sagen musste:
»Ach, du armer Kerl, mir ging es eigentlich überraschend gut.«

Geteilte Gefühle und so. Aber wer würde so etwas schon erwarten?

Daniela Plößner

Weil sie nach einer abgeschlossenen Theaterproduktion unbedingt wieder auf die Bühne wollte, aber gerade keine weiteren Aufführungen in Planung waren, entschloss sich Daniela kurzerhand zum Slam zu gehen. Obwohl sie selbst schon immer ihr größter Kritiker war, konnte sie eine handvoll Texte fertigstellen und damit einige Poetry Slams besuchen. Mittlerweile steht sie wieder viel auf der Theaterbühne oder kümmert sich bei studentischen Produktionen an der Universität Regensburg um alles, was hinter der Bühne stattfindet. Zeit für Slam ist dabei nur noch selten, aber da sie sowieso lieber Fremdtexte interpretiert, als eigene zu schreiben, ist das für sie in Ordnung. Ab und zu Slam-Luft zu schnuppern, lässt Daniela sich aber nicht entgehen. Zusammen mit mir und befreundeten Improtheaterspielern haben wir eine Gruppe ins Leben gerufen, die sich ›Texthänger‹ nennt und eine Mischung aus Slam-Poetry und Improvisation macht. Wären wir eine Band, würde man es wohl Crossover nennen.

Es ist die Nacht

Es ist die Nacht
Wenn alles verloren zu sein scheint
Als ganz still und leise
Ein kleines Kind weint

Es liegt in seinem Bett. Die Knie an die Brust gezogen. Den Teddy, den das Kind schon immer hat, hält es fest umschlungen. Schattenmonster, dunkle Gestalten. Finstere Gewalten und Angst lassen es die Decke weit über den Kopf ziehen. Die Augen sind zusammengekniffen, die Ohren weit gespitzt. Schattenmonster, die nach dem Kind greifen. Es aus dem Bett in die Dunkelheit reißen. Wenn Malefiz und Voldemort gemeinsame Arbeit leisten.
Kein Held, der in letzter Sekunde zur Rettung eilt. Keine gute Fee, die die bösen Träume vertreibt und an einen Prinzen verschwendet das Kind noch keinen Gedanken. Ihm wird kalt. Es zittert und gibt doch keinen Mucks von sich. Kleine Finger graben sich in Teddys Fell. Vorsichtig riskiert das Kind einen Blick unter dem Rand der Decke hervor. Dunkle Gestalten, mit langen Klauen. Rote Augen, die hinter Kisten lauern. Eine leise Stimme, die seinen Namen ruft. Ein Wesen, das tief verborgen, mit gespaltener Zunge, finster zischt und flüstert. Teufelsgleiche Säuselstimme. Böse Träume, die sich schlängelnd ihren

Weg zwischen Holzklotz und Buntstift hindurch bahnen. Und Schlangen hat das Kind noch nie gemocht.

Es ist die Nacht
Wenn alles verloren zu sein scheint
Als ganz still und leise
Ein großes Kind weint

Es liegt in seinem Bett, flach auf dem Rücken, neben ihm vermeintliche Stärke in winzigen Stücken. Schattenmonster, dunkle Gestalten. Finstere Gewalten und Angst, die das Kind nicht schlafen lassen. Tränen, die es wachhalten, weil keiner es versteht. Es sich doch nur nach einem Prinzen sehnt. Oder nach Freunden. Vielleicht einer Fee, die die Noten besser macht oder die Lehrer verständnisvoll. Ein Schutzengel, der dem Kind endlich den Drang sich selbst zu behaupten nimmt und es stattdessen zufrieden lächeln lässt. Doch die Schattenmonster verhöhnen es. Nacht für Nacht für Nacht. Und das Kind glaubt dem Schatten und seinen finsteren Gestalten. Den teufelsstimmensäuselnden Gewalten.
»Du bist nichts wert und unsichtbar.
Du bist nichts wert und unsichtbar.«
Es ist nichts wert und unsichtbar. Gedanken, die Gutes vergiften wie Vipern. Und Schlangen hat das Kind noch nie gemocht.
Es ist die Nacht

Wenn alles verloren zu sein scheint
Als ganz still und leise
Ein ängstliches Kind weint

Es liegt in seinem Bett. Stetig schleicht die Nacht, während Teddy, als treuer Begleiter, über Kinderträume wacht. Schattenmonster, dunkle Gestalten. Finstere Gewalten und ...
Das alles hat es schon einmal gesehen, doch bleibt eine Angst bestehen. Es ist die Angst allein zu sein. Helfende Elfen, mehrere Prinzen – sie kamen, sahen und gingen. Gemeinsam konnten sie Monster bezwingen und so mancher Held, der ist geblieben. Doch teufelsstimmensäuselnd flüstert nun die Angst. Panik im Kinderherz kreiert, so dass der Kopf über Abschied und Verlust sinniert. Schmerzen in der zitternden Brust, wie Stiche oder giftige Bisse. Das Kind umklammert sich. Legt eine Hand fest auf das Loch, um die Blutung zu stillen. Doch die Kinderhand ist trocken.

Wenn der Schatten es unerwartet trifft, dann sieht es seine Helden bluten. Rosenrot, mit leerem Blick. Wo einst der Schalk so lachend in den Augen saß ... verblasst. Das Kind weint. Es schreit und rennt. Teddy versucht es noch zu packen, doch er kann es nicht erwischen. Der Schatten, mit betrügerischem Lächeln, hat darauf nur gewartet. Das Atmen fällt schwer. Dem Kind wird schwarz vor Augen. So lange hat es gedauert dieses Glück, seine Helden, begreiflich, verständlich zu fassen. Jetzt will sich das Kind vom Schatten nicht unterkriegen lassen. Aufgeben ist nicht drin.

Das schöne Ende:
In diesem Augenblick erkennt das Kind des Schattens Sinn: Wo Gutes ist, muss Schlechtes walten, um der sonnigen Dinge Glanz zu erhalten. Wärme gibt es nur, weil Kälte stur ihren Weg durch Gassen bahnt. Sichere Vernunft, wo auch mal jemand mahnt. Die Angst lässt das Kinderherz ohne Zögern frei. Sie weiß, sie würde wiederkommen. Noch benommen von dem, was gerade war, stolpert das Kind seinem Held entgegen. Der streckt die Arme aus und fängt es auf. Lachen, wie warmer Honig fließt, erhellt den Raum. Am Ende ist es doch nur ein böser Traum.

Das andere Ende:
Doch der Schatten ist geduldig. Er wartet, während sich die erbarmungslose Kälte zärtlich über den Helden legt, als sein Kopf endgültig zur Seite fällt und das Kinderherz in winzige Scherben zerschellt.

Es wird Nacht
Wenn alles sanft zu sein scheint
Als ganz still und leise
Ein stummes Ich schweigt

Dominik Neumayr

Fertige Texte hatte Dominik zwar schon, aber dennoch war er lange Zeit nur begeisterter Zuschauer auf Poetry Slams gewesen. Bis eines Tage bei einem Dead vs. Alive Slam auf einem Festival kurzfristig zwei der Poeten absagten und er kurzerhand eingesprungen war. Nicht unbedingt ein typisches ›erstes Mal‹. Das ist nun viele Jahre her, mittlerweile ist Dominik Deutschlehrer und außerdem Gesellschafter des bp-Verlags. Auf Slambühnen zieht es ihn immer mal wieder in unregelmäßigen Abständen. Mit seinen Texten möchte er in erster Linie unterhalten, was nicht bedeutet, dass sie lustig sein müssen. Er findet, auch kritische Texte können unterhaltend sein, wenn sie gut geschrieben sind. Als ich mit der Idee der Anthologie zu ihm kam, war Dominik sofort total begeistert und stand mir mit Rat und Tat zur Seite. Da durfte natürlich ein Text von ihm nicht fehlen.

Lehrerkind

Ich bin ein sehr ängstlicher Mensch.
Ich habe grundsätzlich vor so ziemlich allem Angst. Angefangen haben diese Ängste bereits im Kleinkindalter. Ich denke als Kind hatte so ziemlich jeder Angst vor Monstern unter seinem Bett, hinter der Tür oder im Kleiderschrank. Natürlich habe ich mich als Kind vor dem Schlafengehen immer versichert, dass hinter der Tür kein Monster lauert, das mich dann im Schlaf auffrisst.
Gut, was heißt als Kind – Männer werden ja bekanntlich nie so richtig erwachsen.
Das kommt im Übrigen auch gar nicht mal so gut an, wenn man eine Frau auf- und man sich dann bereits gegenseitig die Klamotten vom Leib reißt und man während des Vorspiels sagt: »Moment, ich muss da noch schnell etwas überprüfen.«
Da ist dann schneller die Luft raus als man denkt und man kann froh sein, wenn man an dem Abend außer seinen Kopf hinter die Tür noch ein anderes Körperteil irgendwohin stecken darf.
Obwohl es nur der beiderseitigen Sicherheit dient, habe ich seltsamerweise noch nie eine Frau erlebt, die mich für meine Umsicht lobt ›Gut, dass du trotz deiner immensen Erregung daran denkst, das hätte ich jetzt fast vergessen‹, oder beruhigt ›Keine Sorge, mein Monster hat sich heute Abend frei genommen‹.

Nein, stattdessen nur Hohn und Spott oder Schweigen. Vielleicht ja Schweigen aus stiller Bewunderung?

Aufgrund negativer Erfahrungen habe ich es mir mittlerweile aber immerhin abgewöhnt im Kleiderschrank nach Monstern zu suchen, nachdem ich in einem solchen einst den Verlobten einer jungen Dame fand, der dann im wahrsten Sinne des Wortes wirklich zum Monster wurde.

Dank meiner jahrelang antrainierten Monster-Bekämpfungs-Technik habe ich überlebt: Laut schreien und so schnell wie möglich weglaufen.

Aber ich habe nicht nur vor Monstern Angst, sondern auch vor Krankheiten. Ich habe oft alle möglichen Krankheiten. Das glaube ich zumindest selbst, denn mindestens zwei Symptome treffen immer auf mich zu: Kopfschmerzen und Müdigkeit.

Und ganz ehrlich, welcher Streber hat schon immer alle Symptome einer Krankheit? Nur weil ich kein hohes Fieber habe und nicht erbrechen muss, kann ich doch trotzdem an Meningitis erkrankt sein. Oder ich kann auch eine Nasennebenhöhlenentzündung haben, auch wenn ich gerade keinen Husten oder andere Schmerzen habe. Die Sinusitis kann sogar akut oder gar chronisch sein, denn die Müdigkeit und die Kopfschmerzen als Symptome sind nicht wegzuleugnen. Und das bloße Fehlen des Fiebers kann auch kein Beleg dafür sein, nicht an der ostafrikanischen Schlafkrankheit erkrankt zu sein, denn wer kann mir

schon sicher sagen, dass es in Bayern wirklich keine Tsetsefliegen gibt?
Deshalb bin ich auch relativ häufig bei meinem Arzt. Diesen konfrontiere ich sogleich mit der fertigen Diagnose, denn ich habe das natürlich schon mal gegoogelt. Sucht man im Übrigen auf netdoktor.de nach ›Kopfschmerzen‹ – oder wie wir medizinisch Kundigen sagen: Caphalgie – werden einem unter anderem folgende Krankheiten vorgeschlagen:
Schädelhirntrauma, Arteriitis temporalis, chronische Bronchitis, Bandscheibenvorfall, Trigeminusneuralgie, Costen-Syndrom, Aneurysmen, Sibarachonidalblutung oder auch Drogenentzug.
Wenn ich dann nervös und todkrank im Wartezimmer sitze, inmitten lauter kranker, hustender, virenverbreitender Menschen, die mich dann mit gleich noch mehr Sachen anstecken, lese ich in diesen typischen Wartezimmerzeitungen dann immer alles über die neuesten und schlimmsten Krankheiten, deren Symptome wiederum auch voll und ganz auf mich zutreffen (also zumindest Kopfschmerzen und Müdigkeit) weshalb sich mein Krankheitsbild kurz bevor ich ins Behandlungszimmer gerufen werde nochmal schnell drastisch ändert.
Aber egal – todkrank bleibt todkrank.
Zwar keine Krankheit, aber nicht weniger furchteinflößend ist das Phänomen der Selbstentzündung. Angeblich können sich Menschen ohne Zutun von außen von innen heraus selbst entzünden oder

irgendwie so in der Art soll das wohl funktionieren. Mehr weiß ich darüber auch nicht. Ist doch alles Humbug möchte man sagen, doch ich habe trotzdem Angst davor, seitdem ich vor vielen Jahren einen Beitrag darüber in einer dieser wissenschaftlich äußerst anspruchsvollen Fernsehsendungen gesehen habe. Das war immerhin auf RTL II und die haben Ahnung, wovon sie sprechen. Ich hatte als Kind dann wahnsinnige Angst davor, mich im Schlaf aus Versehen von innen selbst zu entzünden, so dass seitdem immer ein Glas Wasser neben meinem Bett stand. Je älter ich wurde, desto größer wurde natürlich auch das Glas.

Irgendwann habe ich dann eingesehen, dass das alles in der Tat ein ziemlich großer Blödsinn ist und das alles nichts bringt. Deshalb steht jetzt ein Feuerlöscher griffbereit neben meinem Bett.

Die Frauen, die kein Problem damit haben, dass ich zuerst das Zimmer auf die Anwesenheit von Monstern untersuche, weil sie das vielleicht sogar ›ganz niedlich‹ oder gar ›voll süß‹ finden, wird das dann spätestens zu viel, wenn ich meinen Feuerlöscher neben ihrem Bett abstelle, denn selbstverständlich habe ich den immer mit dabei. Meinen süßen, kleinen, roten Gloria P6 Pro mit ABC-Löschschaum. Warum die meisten Frauen, wenn sie dann den Schlauch meines Feuerlöschers statt meinem eigenen sehen, auf Abstand zu mir gehen, kann ich nicht verstehen, denn immerhin dient der Feuerlöscher unser beider

Sicherheit. Wenn es heiß hergeht und ich mich aus Versehen selbst entzünde, dann ist das für die Auserwählte schließlich ja auch nicht ganz ungefährlich.
Wahrscheinlich halten mich die meisten Frauen ganz einfach nur für pervers, aber genug Zeit den wahren Grund der Anwesenheit des Feuerlöschers zu erklären, bleibt mir meist nicht mehr, weil ich während meiner hilflosen Erklärungsversuche dann bereits vor die Tür gesetzt werde Manchmal ohne Kleidung, dafür zum Glück aber immer mit Feuerlöscher.
Aber gut, die Frauen scheinen meine Ängste und Sorgen nicht zu verstehen. Warum ich so ängstlich bin, weiß ich ehrlich gesagt gar nicht mal so genau. Ich habe aber eine Vermutung:
Es könnte an meiner Kindheit liegen. Denn ich hatte eine sehr schwere Kindheit.
Ich will gar kein Mitleid, ich wollte das nur mal erwähnt haben. Aber ich hab es schon auch wirklich richtig schlimm erwischt. Fällt mir jetzt nicht leicht, darüber zu schreiben. Ich bin nämlich Lehrerkind. Beide Eltern sind Grundschullehrer.
Vor allem Lehrerkinder müssen damit leben, dass sie aus der Sicht ihrer Eltern für alle Zeit unreif und rebellisch sind und von nichts eine Ahnung haben. Zumindest immer weniger als die Eltern. Auch das Erreichen der Volljährigkeit, die Aufnahme eines Studiums oder wahrscheinlich sogar der Gewinn des Nobelpreises würden an dieser eisernen Tatsache nichts ändern: Die Eltern haben immer recht.

Bei Widerspruch immer die gleiche Antwort:
»Nein, das stimmt nicht.«
Sagt man als Lehrerkind zum Beispiel:
»Draußen schneit es«, lautet die einzig richtige Antwort darauf: »Nein, das stimmt nicht.«
Auch wenn es so ist.
Allerhöchstens ›fallender Niederschlag hexagonaler mono-, seltener polykristalliner atmosphärischer Eisaggregate, die hauptsächlich durch Sublimation entstanden sind, einschließlich der Metamorphoseprodukte‹(http://www.hydroskript.de/html/_index.html?page=%2Fhtml%2Fhykp0801.html – so viel Wissenschaftlichkeit muss sein) oder so etwas in der Art könnte noch ein paar Punkte in der alltäglichen Prüfung des Lebens geben. Wichtig war natürlich auch zu wissen, ab wann man von einer Schneedecke sprechen darf, nämlich wenn ›auf festem Grund schichtweise akkumulierter Schnee von mindestens 1cm Mächtigkeit auf wenigstens 50% des betreffenden Areals‹(ebd.) zu finden ist.
Die Definition von Schnee ist im Übrigen auch nicht mit der von Schneeregen oder Hagel zu verwechseln. Die lautet nämlich – irgendwie anders. Die Definitionen verwechseln oder vergessen – ei, das gab ordentlich Ärger. Sowas muss man doch wissen, mit fünf Jahren – meinten zumindest meine Eltern. Auch wenn es mal um etwas ging, was man gerade in der Schule gelernt hat und hundertprozentig sicher wusste, stimmte das natürlich nicht. Wenn man dann

als Beleg das Schulbuch holte, war dieses einfach veraltet, weil der Staat bei den Schulbüchern fast genauso sehr spart wie bei den mickrigen Lehrergehältern. War das Schulbuch neu, war ganz einfach der Inhalt falsch, weil diese ganzen neuen Schulbücher ja sowieso nichts taugen. Auch der Hefteintrag als Beleg zählte nicht, denn dann hab ich das natürlich einfach nur falsch abgeschrieben.

War es ein Arbeitsblatt vom Lehrer, dann hatte der Kollege sich aus Versehen vertan, was ja mal vorkommen kann. War der Lehrer jedoch jünger als 40 Jahre, dann war er ganz einfach zu unerfahren und dumm, denn er ist ja jung und junge Menschen haben (das lehrt der Beruf) keine Ahnung.

Ich selber durfte natürlich nie etwas Negatives über meine Lehrer sagen. Auf Kritik an Lehrern standen zu Hause Höchststrafen:

Kein Fernsehen. Statt um sieben schon um halb sieben ins Bett, ab 14 dann immerhin erst um halb acht.

Kein Nachtisch. Den es sowieso meist nicht gab, weil ungesund und damit bestimmt auch unpädagogisch.

Oder ganz einfach mündlichen Tadel, denn das können Lehrer immer noch am besten: Schimpfen.

Oft war ich ja auch schon froh, dass ich mich nicht auch noch zu Hause in die Ecke stellen musste, denn diese waren meistens schon von meinen Geschwistern belegt. Ich habe mich damals nahezu täglich gefragt, warum meine Eltern nicht wenigstens halbwegs normale und geachtete Berufe einnehmen konnten. Das muss ja nicht unbedingt gleich Feuerwehrmann, Eisverkäufer oder Schriftsteller sein. So ziemlich alles wäre doch besser als Lehrer. Aber okay, meine Eltern wollten an der Schule bleiben, das ist ja in Ordnung. Aber warum denn als Lehrer? Meine Mutter hätte doch auch Sekretärin werden können. Und mein Vater hätte ja auch Hausmeister an der Schule werden können.

Der Hausmeister ist an vielen Schulen bei den meisten Schülern sehr beliebt. Zumindest immer mehr als ein Lehrer. Vor allem wäre Hausmeisterkind auch gar nicht mal so schlecht gewesen. Ich hätte mir die eine Mark zwanzig jeden Tag für die Wurstsemmel sparen können, beziehungsweise hätte das Geld nicht in die Schule mitnehmen müssen, damit mir das Geld dann noch vor dem Kauf meiner Pause von Größeren oder auch Kleineren abgenommen wird. Als Hausmeisterkind brauchst du kein Geld, weil warum sollte dir dein Vater in der Früh Geld geben, dass er dann zwei Stunden später eh wieder bekommt? Vor allem hätte ich dann bestimmt auch ein Knoppers bekommen. Jeden Tag um halb zehn. Vielleicht sogar zwei. An einem Tag!

Aber so: Kein Geld für Süßigkeiten.

Die Alternative die eins zwanzig statt für eine Wurstsemmel für vier Knoppers auszugeben, kam mir erst in den Sinn, als ich besser rechnen konnte. Also vor etwa knapp drei Wochen dank einer neuen App auf dem Handy. Aber so musste ich meine Pausen ohne Knoppers durchleben. Und ich musste damit leben, dass mich alle an der Schule mit dem gleichen Respekt behandelten, wie einen Aussätzigen. Wie einen Verbrecher, wie einen Stasi-Spitzel nach dem Zusammenbruch der DDR.

Spätestens nach der einschneidenden Grundschul-Zeit schwor ich mir, ganz anders zu werden als meine Eltern. Zu rebellieren. Das konservative Leben meiner Eltern zu verachten. Später etwas ganz anderes zu machen. Alles nur nicht Lehrer.

Das hat dann auch ganz gut funktioniert. Zumindest solange bis ich mich ein paar Wochen nach dem Abitur für das Lehramtsstudium eingeschrieben habe.

Tizian Neidlinger

In den letzten Jahren gab es an Schulen den erfreulichen Trend, den Schülern Literatur über Poetry Slam näherzubringen und sie sogar eigene Veranstaltungen organisieren zu lassen. Auf diesem Weg hat auch Tizian zum Slam gefunden. Geschrieben hatte er schon vorher in schlaflosen Nächten oder wann sonst immer die Kreativität von ihm verlangte ausgelebt zu werden. Beim Slam geblieben ist er nach eigener Aussage, weil der Vortrag auf einer Bühne seinem Schreibdrang oftmals ein konkretes Ziel geben kann. Vorgaben setzt er seinen Texten nicht, abgesehen davon, dass sie ihm selbst gefallen müssen. Mittlerweile organisiert er regelmäßig unregelmäßig Poetry Slams in Neuburg an der Donau, soweit es sein Studium für energieeffizientes Planen und Bauen eben zulässt. Wie das denn zusammenpasst, fragt man sich hier möglicherweise zu recht. Aber wer weiß, vielleicht baut er schon bald die energieeffizienteste Veranstaltungslocation der Welt?

Steinzeit

Ich kenn da ein Spiel,
das spielten wir viel.
Regeln gab es nicht mal vier:
Schere schlägt Papier,
Papier schlägt Stein,
aber warum schlägt der Stein … die Schere?
Muss das so sein?

Ich hab ein Problem:
Ich will die Welt verstehen.
Aber wie?
Es gibt Siebenmilliarden Menschen
und keiner sagt was er denkt.
Es gibt Siebenmilliarden Menschen
und keinen echten, weil sich jeder nur in einer Rolle
verrenkt.
Es gibt Siebenmilliarden Menschen.
Jeder tritt aufs Gas und keiner lenkt.
Das ist ein Problem.
Jeder kennt sie, aber keiner kann die Welt verstehen.

Der Abstand zwischen Gehirn und Mund
beträgt 7,8 Zentimeter,
aber eines Jeden Mund ist wund,
bis er mal was kund tat.
Und das Siebenmilliarden mal.

Siebenmilliarden mal.
Wir sind so winzig, das ist brutal.
Man nimmt sich die Zeit,
steht kurz mal auf'm Schlauch
und man hält Siebenmilliarden Liter hinter sich auf.
Das nennt man Konkurrenz.
Man selbst fährt einen Polo,
aber der Nachbar fährt Benz.
Du bist solo, aber dein Nachbar ist ein Hengst.
Und du siehst des Nachbars Auto.
Allein, neben der Straße.
Es brennt,
aber du bremst nicht.
Zeitlich nicht drin.
Wo sind deine Augenblicke hin?
Du meinst:
Hab keine Zeit, bin in einer Stressphase.
Bin nicht bereit, Leben eine Einbahnstraße.
Du weinst:
Siebenmilliarden Elefanten und du die Vase,
aber das ist für dich nur eine Phrase.
Rennst heulend weg vor Entscheidungen,
Menschen verletzen willst du nicht,
es sei denn
sie haben deine Wertschätzung … nicht.
Dann sagt du ihnen, dass sie scheiße sind
ins Gesicht … nicht.
Das traust du dich nicht richtig,
deswegen nutzt du Tücken.

Quatscht hinter ihren Rücken
Und füllst die Leere mit Gerüchtelücken.
Hast dich in die Rolle deines Nachbarn aber noch nie hineinversetzt:
In jungen Jahren
mit den falschen Kontakten vernetzt.
Dann nach dem Gang-Ausstieg gehetzt.
Nach der Verlobung
von der werdenden Braut versetzt.
Verletzt.
Aber das siehst du ... nicht.
Das interessiert dich ... nicht.
Du siehst nur den brennenden Benz.
Bremst nicht, weil du ihn ja nicht richtig kennst.
Kennst niemanden.
Und das Siebenmilliarden mal.

Sind Menschen zu dir loyal,
fallen sie dir nicht auf.
Sind sie es nicht,
regst du dich auf.
Denkst du, du hast es als Einziger drauf?
Denkst du, du hast den einzigen, echten Lebenslauf?
Dein Nachbar heißt Peter P. N.
Leidenschaftlich Bayern-Fan.
Mit 22 beinahe einen homosexuellen Kontakt;
namentlich Sven.
Und er hat noch nie Paris gesehen.
Du hast ihn nicht gesehen,

damals als er dich im Café bediente.
Du mit genervter Mine.
Er lag dir eigentlich zu Füßen,
und damit aus deinem Sichtfeld.
Wolltest du ihn nicht grüßen?

Ich hab ein Problem.
Ich will die Welt verstehen.

Manche Menschen stehen im Regen.
Andere werden im Spotlight gesehen,
deswegen hast du auch um Paul Walker getrauert.
Den Tot des Weltstars bedauert.
Das war
Siebenmilliarden mal der Fall.
Ein anderer Fall passierte 2010.
Ein Flugzeug ist abgestürzt,
ähnlich wie bei uns, sogar der Präsident ist gestorben,
aber niemand hat's gesehen!
Der Grund? Es ist in Russland geschehen.
Terroristenopfer,
Menschenhandel, Hunger.
Der Mensch ist sein eigener Parasit.
Und? Kriegst du das mit?
Nein!
Und so fährst du in deinem Polo
mit deinem Bein auf Vollgas.
Und du sahst das:

Der brennende Benz im Gras.
Das noch lesbare Kennzeichen sagte dir was.
Du weißt doch, wem es gehört,
aber der Aufwand hat dich schon immer gestört.
Du sagst:
»Da steht er, der Peter.«
Aber er ging.
Er ging dahin in dieser Nacht.
Das sind Geschichten vom Leben,
die so witzig sind, dass keiner lacht
und die Frage,
warum jeder so weitermacht,
ist für mich 'n Problem.
Ich will die Welt verstehen.

Und ich kenne da ein Spiel.
Das spielten wir viel.
Regeln gab es nicht mal vier:
Schere schlägt Papier,
Papier schlägt Stein,
aber warum schlägt die Faust den Frieden?
Zeit aus dem Stein eine Schere zu schmieden.

Philipp Potthast

Auf meine Frage, warum er zum ersten Mal aufgetreten sei, sagte Philipp mir, er wollte seine damalige Freundin beeindrucken. Mittlerweile hat sich das aber völlig verändert. Heute steht er natürlich auf der Bühne, um seine jetzige Freundin zu beeindrucken. Abgesehen davon ist es ihm wichtig, auf der Bühne Spaß zu haben, was nicht unbedingt heißt, dass der Text lustig sein muss. Philipp legt Wert darauf, stets etwas Neues zu schaffen und versucht daher wenig zu verwenden, was er so ähnlich schon einmal gehört hat. In seinen Texten und vor allem in seiner Performance erkennt man deutlich Einflüsse aus dem Rap und an dieser Stelle soll auch sein Rap- und Slam-Team ›Natürlich Blond‹ nicht unerwähnt bleiben. Ich kann mich noch erinnern, dass er mich bei einer Veranstaltung einmal nach einer richtig sinnlosen Tätigkeit fragte, als Inspiration für einen Text. Mein Vorschlag war ein Bounty zu schälen, um an Kokosraspeln zu gelangen. Seitdem sind wir Freunde, glaube ich.

Liebe in Zeiten der Pegida

An einem Montag in Dresden
Zwischen Parolen und Chören
Davon, dass Moslems nur stören
Und nicht nach Europa gehören
Inmitten glühender Hetze
Gegen Asyl und die Presse
Gegen die Bundesregierung
Und ihre Lügengesetze

Dort wo sie unter dem Banner des
Manwirdjanochmalsagendürfens
Mit blankem Hass den Meinungsbrei
Der breiten Masse würzen
Traf sich zweier Pegidisten
Intensiver Blick
Es war Liebe
Auf den allerersten Springerstiefelkick

Er rief: »Volksgenossin!«
Quer durch die marschierenden Horden
»Ich bin besorgter Bürger
Und gewillt, es dir zu besorgen!
Du bist so deutsch und schön
Ich kriege Lust, besoffen rumzuschreien

Begehr dich wirklich ungemein
Darf ich dein Uwe Mundlos sein?«

Sie antwortete: »Ach!
Das brauchst du gar nicht erst fragen!
Als unsere Blicke sich kreuzten
Haben sie Haken geschlagen
Ich weiß, dass wir zusammen gehören
Auch wenn wir uns noch kaum kennen
Komm in meine Arme, Schatz
Du darfst mich Eva Braun nennen!«

Die beiden glichen bald schon
Einem Herz und einer Seele
Sie sangen das Horst-Wessel-Lied
Zu zweit aus voller Kehle
Sie ließen, um der ganzen Welt
Ihr Glück zu demonstrieren
Sich den Namen des jeweils anderen
In Frakturschrift tätowieren

Sie mochten sich so sehr
Dass man es kaum beschreiben kann
Statt Verlobungsringen
Steckten sie sich Flüchtlingsheime an
Sie spazierten jede Strecke
Stets im Stechschritt bis zum Muskelkater
Sie waren keine Turteltauben
Sondern deutsche Turteladler

Und auch im Schlafgemach
Waren die beiden wirklich eingeübt
Weil sie ihm gewissenhaft
Die stolze, deutsche Eichel rieb
Und obwohl sie meist
Vom Treiben sehr befriedigt war
Rief er stets nach zehn Minuten:
Er ist wieder da!
Sie wurden immer glücklicher
Vergnüglicher und lebensfroher
Klebten sich übers Doppelbett
Ein schickes Frauke Petry-Poster
Sie waren ein Vorbild für Germanen
Von Südtirol bis Uppsala
Weil ihrer Liebe straffes Band
So fest hart wie Kruppstahl war

Dann eines sonnenklaren Sommertages
Als sie etwas flotter als geplant
Zurück vom
Bomberjacken-Shopping war
Ihr hatte kein Modell so recht gefallen
Sie war enttäuscht
Da vernahm sie aus dem Wohnzimmer
Ein seltsames Geräusch
Es klang ein bisschen so
Wie eine Kanzelpredigt
Mit ein paar Elementen
Einer angeregten Propaganda-Rede

Aber das, was sie da hörte
War nicht rechts – Im Gegenteil
Es war ein Bundestagsdebattenbeitrag
Sahra Wagenknechts
Und somit nicht geheuer
Für die Nazi-Dame
Darum nahm sie ihren Baseball-Schläger
In die Hand und dachte:
»Da muss ein Einbrecher am Werke sein
Mit linkem Begehren
Anders ist der Sachverhalt hier
Nicht zu erklären«

Und darum schlich sie sich zur Zimmertür
ihren Knüppel mit sich führend
Doch als sie der Pforte Griff berührte
Und sie mit geübtem Tritte
Wütend aufstieß
Ready für den Schlag
Da sah sie ihren Liebsten
Vor dem Fernsehapparat
Der trug ein T-Shirt
Von der Antifa in schwarz
Blätterte mit ernstem, konzentriertem Blick
Im Kapital von Marx
Summte leisen Tons
Die Internationale vor sich hin
Mit dem Parteibuch von der Linken
In der Hosentasche hintendrin

Und er blickte auf und erschrak sich
Wie noch nie ein Mensch erschrocken ist
Und während ihm schlagartig
Jede Farbe aus dem Kopfe wich
Da fing er an zu stottern
Mit den Augen auf dem Boden
»Schatzi, ich habe dich
Die ganze Zeit betrogen!
Ich bin kein Nazi
Das hast du ja schätz ich schon erkannt
Damals bei Pegida
War ich nur Gegendemonstrant
Ich hatte mich verlaufen und mich dann
Versehentlich über beide Ohren
Tief in deinen treuen
Deutschen Äugelein verloren
Doch die Gefühle waren echt
Nur die Gesinnung war es nicht
Also gib mir noch ne Chance
Baby-Girl, verlass mich nicht!
Ich will mich ändern!
Denn sonst hast du nur hart Beschwerden!
Zuckermaus, ich will für dich
Ein aufrichtiger, rechtschaffender Nazi werden!«

Sie sah ihn an
Ihr Gesicht wurde ganz weiß
Da fiel sie ihm
Mit einem lauten Schrei um den Hals

»Ich bin auch kein Nazi!«
Sagte sie, von Glücksgefühl gerührt
»Ich hab die NPD einfach nur
Für den Verfassungsschutz infiltriert!
Ich habe Geld dafür kassiert
Sogar einen ganzen Haufen
Darum konnte ich mir immer
So viele Bomberjacken kaufen
Aber ganz egal, wie viel sie mir auch gaben
Egal was sie mir sagten
Eins war sicher, Süßer
Dich hätte ich nie verraten
Denn ich liebe dich
Ob nun Nazi oder nicht!«
Und so schworen sie sich
Gegenseitig Treue ins Gesicht
Und gelobten
Dass es zwischen ihnen immer so bliebe
Am Ende ist jede rechte Gesinnung
Nur ein Schrei nach Liebe

Damiano Di Muro

Aus Ehrfurcht vor den großen Autoren, die gegen den Strom geschwommen sind, schreibt Damiano gerne auch etwas abgedrehte Texte. Zum Slam geht er, weil er dort direkt mit der Erwartungshaltung des Publikums spielen kann. Die Leute provozieren oder auf eine falsche Fährte locken macht ihm am meisten Spaß. Das Format entdeckt hatte er in der Schule über ein Projekt-Seminar, was mitunter auch der Grund ist, warum er jetzt zusammen mit seinem Kollegen Davud Pivac dort einen regelmäßigen Poetry Slam veranstaltet. Wenn er mehr Zeit für Slam hätte, würde der Münchner gerne eine Tour durch ganz Europa machen, da es ihm Fremdsprachen sehr angetan haben. Ich erinnere mich noch, wie wir einmal bei einer Veranstaltung am selben Tisch saßen und auf unsere Handys starrten. Während ich jedoch versuchte, mich um meine zukünftigen Beziehungschancen zu kümmern, lernte er Schwedisch über eine App. Falls ihr also irgendwann einmal im benachbarten Ausland Urlaub macht und einen Poetry Slam besucht, kann es gut sein, dass euch Damiano dort begegnet.

Trainee Man

Dass meine Praktikumsschule eine Mädchenschule ist, merkte ich erst am ersten Schultag.
Naja, es war schon während der Lehrerkonferenz nur von ›Schülerinnen‹ die Rede, aber da dachte ich noch, dass das irgend so eine neue gendersprachliche Methode ist, nur noch die weibliche Form zu benutzen. Doch nun sah ich der Realität ins Auge:
Es gab nur Mädchen.
Als Lehrer steht man ja immer mit einem Bein im Knast. Ein Lustmolch wie ich steht jedoch mit eineinhalb Beinen im Knast. Mein Kumpel Davud spart seit letztem Herbst für eine eventuell zu bezahlende Kaution.
Auch eine Lehrerkonferenz habe ich mir anders vorgestellt. Viel düsterer, bei nächtlichem Gewitter und der Direktor, der als Superschurke das Lehrerzimmer betritt und loslegt: »So, meine Herren Studienräte. Was haben wir uns heute für Bosheiten ausgedacht? Mwahahahhahahahahaha!«
Doch stattdessen wurde die ganze Zeit über gelbe ›Defekt‹-Zettel und den letztjährigen Abi-Schnitt geredet.
Interessant wurde es erst, als zur Debatte stand, ob eine Schülerin auf Probe in die Oberstufe vorrücken durfte oder nicht. Es wurde per Handzeichen abgestimmt und das Ergebnis war ein Gleichstand.

»Somit darf der Praktikant ebenfalls abstimmen!«, entschied der Direktor und ich stimmte gegen ein Vorrücken auf Probe. Das erste Leben war zerstört. Früh übt sich.

Meine Praktikumslehrkraft war gleichzeitig Klassenleiterin der 5a. 31 Mädchen, die noch ganz orientierungslos waren. Ein Mädchen hatte sich festgelaufen und knallte nun die ganze Zeit gegen die Wand. Ein anderes Mädchen verschwand schon am ersten Schultag auf Nimmerwiedersehen in den düsteren Katakomben.

Am Wandertag wanderten wir den Planetenweg. Zur Enttäuschung der Schülerinnen handelte es sich hierbei nicht um die komplizierte Regenbogenstrecke aus Mario Kart, sondern um einen Weg vom Deutschen Museum zum Zoo, an dem es verschiedene Stationen gab, wo die Schülerinnen etwas über die neun Planeten (die mir mein Vater nicht erklärt), lernen konnten. Ja, mein Vater interessiert sich nicht so für Planeten.

Der Wandertag war für mich allerdings schon früher zu Ende. Ein Mädchen hatte ihren Füller verloren und weinte. Die richtigen Lehrer baten mich, doch den ganzen Weg zurückzugehen und ihn zu suchen.

»Na gut, ich mach's!«

Und 31 Mädchen sagten einstimmig im Chor:

»Danke, Herr Di Muro!«

Den Füller habe ich nie gefunden. Ich habe allerdings auch nie wirklich gesucht, sondern bin gleich nach Hause gegangen.

Am nächsten Tag fand auch schon mein erster Lehrversuch statt. Das Wort ›Lehrversuch‹ ist Schulsprech und ein Euphemismus dafür, dass man sich anstellt wie der letzte Idiot. Als Erstes war Hausaufgabenverbesserung angesagt, doch ich schob nur die ganze Zeit den Overhead-Projektor hin und her. Dabei überfuhr ich auch drei Kinder.
Nach meinem Unterricht waren die Mädchen nicht schlauer. Das Einzige, was sich an diesem Tag bildete, waren die Schweißflecke unter meinen Achseln. Doch als Kritik bekam ich bei der Besprechung nur zu hören, das ich vergessen hätte das Tafellicht anzumachen.
Ich wusste nicht, dass es so etwas gibt, denn an meiner alten Schule gab es kein Tafellicht, es gab auch keine Heizungen und keine Klotüren. Es gab mal Fenster, aber nur bis zu unserem Abi-Streich.
Die nächsten Wochen zogen ins Land und bestanden aus hinten drin sitzen, vorne rumhampeln und alles kreiste sich um die bange Frage:
»Ist das eine Meldung oder streckst du dich nur?«

Doch langsam hatte ich den Dreh raus. Ich ermahnte Schülerinnen, Datum und Überschrift niemals zu vergessen. Ich kontrollierte Hausaufgaben und hatte

eine Schülerin sie vergessen, gab es einen Strich und nach drei Strichen ging es für sie auf den Strich, denn da landet man, wenn man nicht immer brav Hausaufgaben macht. Ich schaute mir von einer Lehrerin die Methode des beleidigten Smileys ab:
Wenn es laut war, machte man den Kreis. Wenn es dann immer noch nicht leise war zwei Augen. Dann eine Nase und dann einen beleidigten Mund. War der Smiley komplett, gab es eine Zusatzaufgabe.
Ich weiß, auf erwachsene Menschen wirkt so etwas lächerlich, doch auf Fünftklässler macht so etwas Eindruck. Die 5a hätte sich nie erträumt, dass ich zu solch skrupellosen Methoden in der Lage war, doch schon war der Kreis an der Tafel.
»Psscchhhht, Pscchhhhhhhht, er macht den Kreis. Er macht DEN KREIS!«
Und für den Rest der Stunde war Ruhe im Karton.
Einmal gab es einen Schreibauftrag, doch es wurde geredet – oder bleiben wir bei der Lehrersprache: Ein Kaffeekränzchen abgehalten. Vier Minuten vor Schluss entschied ich spontan:
»Okay, der Rest ist Hausaufgabe!«
Da ward ein Heulen und Zähneklappern. Eine Schülerin weinte. Ihre Tränchen kullerten die rosa Bäckchen hinab und glitzerten in der Sonne.
»Mmmmh, wir haben immer so viel Hausi auf!«
Und ich sagte ganz pädagogisch und verständnisvoll:
»Hmmm, musst halt einteilen!«

Danach sperrte ich mich auf dem Klo ein und weinte selber. Ich sackte die Klotür entlang auf den Boden und nahm Drogen, denn seit ich Lehrer bin will niemand mehr etwas mit mir zu tun haben.
»Du bist mein bester weil einziger Freund!«, sagte ich einer Kellerassel, die des Weges entlanggekrochen kam.
»Fick dich!«, sagte die Kellerassel.

Doch es gab auch gute Momente. Der Ausflug zum Museum ›Mensch und Natur‹ im Schloss Nymphenburg mit der 5b. Die 5b ist die negative Steigerung der 5a. Dort wurde bereits geklaut, geraucht, gezockt, gemordet und eines der Mädchen war sogar schon für die CSU im Landtag. Lauter schlimme Gestalten also.
Aber plötzlich weinten alle, weil sie den Bären Bruno sahen, der böse erschossen wurde. Sie weinten über ein Ereignis, das passierte, als sie gerade damit beschäftigt waren Sand zu essen. Ich war gerührt davon, wie diese von Grund auf schlechten Wesen plötzlich zu unschuldigen Mädchen mutierten. Ich glaube, im Theater nennt man so etwas Katharsis. Sie weinten und ich weinte.
»Das reicht Mädchen, zurück in die Schule!«

Das Praktikum war zu Ende. Ich war um viele Papierstaus im Kopierer reicher. Ich hatte gelernt, dass meine Mutter Unrecht hatte, wenn sie mir mein un-

ordentliches Zimmer vorhält, denn sie hat noch nie die Küche eines Lehrerzimmers gesehen. Ich übernahm immer mehr die Rolle des Lehrers. Ich sagte Dinge, von denen ich mir nie im Leben erträumt hätte, sie zu sagen. Wie zum Beispiel:
»Ab jetzt in die Pause, Mädels. Die findet im Erdgeschoss statt, hier im ersten Stock ist kein Aufenthalt!«

Und was die Schülerinnen angeht, die waren nach einem Schuljahr mit mir innerlich gestorben. Sie waren Leichen. Leichen, mit denen ich mir nun meinen Weg zu einer glänzenden Karriere pflasterte.

Sizley

Auf der Bühne hatte Sizley schon oft als Sängerin gestanden, bis sie sich letztlich nach einem Workshop überreden ließ, bei einem Slam aufzutreten. Allerdings kam sie nach einigen Auftritten zu dem Schluss, dass ihr der Wettbewerb beim Poetry Slam nicht besonders gefällt. Mit ein Grund, warum sie mit Kevin Reichelt und mir die bereits erwähnte ›WG-Lesebühne‹ gründete. Mittlerweile tritt sie mit ihren Texten fast nur noch bei Benefizveranstaltungen oder anderen Autorenbühnen auf. Der Großteil ihres kreativen Schaffens fließt außerdem in die Ingolstädter Band ›Serious Project‹. Aber so ganz kann man Slam wohl nie ablegen, weshalb die Band auch Kooperationen mit Poeten macht oder z.B. den Song-Slam in Ingolstadt ausrichtet.

Das letzte Versprechen

Mein Herz schlägt mir bis zum Hals, ich zittere ein bisschen. Mit der rechten Hand prüfe ich den Inhalt meiner Tasche. Alles dabei. Die Kündigungsfrist, ein Kugelschreiber und ein Taschentuch, für alle Fälle.
»Du machst das schon. Die alte Frau scheint sowieso nicht mehr ganz bei Verstand zu sein, so wie sie das Haus verwildern lässt. Ich will sie endlich dort raus haben, nun da ihr Mann tot ist. Es gibt genug Heime in denen sie besser aufgehoben wäre!«, höre ich meinen Onkel noch schimpfen.
Manchmal hasse ich es für ihn zu arbeiten. Er sagt zwar, dass all seine Immobilien einmal mir gehören werden, aber bis es so weit ist, muss ich weiter seine Drecksarbeiten für ihn erledigen.
Noch in Gedanken vertieft, komme ich dem Eichentor inmitten der Steinmauer und an den kleinen Weg grenzend, der zur Haustür hinauf führt, immer näher. Ich blicke auf und nehme das Haus zum ersten Mal richtig wahr. Wie eine Fata Morgana wirkt es, inmitten von Büschen, Gewächsen und Blüten, die aussehen, als ob sie die Mauern empor kletterten, wie bei einem Wettlauf, der Sonne entgegen.
An der Treppe steht eine alte Frau. Leicht gebückt lehnt sie an einem Gehstock.
Sie erwartete mich bereits. Rosita, wie sie sich mir freundlich lächelnd vorstellt, bittet mich auf einen

Tee hinein. Im Inneren des Hauses begrüßt mich ein Meer aus Farben. Hunderte von Blüten recken mir neugierig ihre Hälse entgegen, als wir den Gang entlang in die Küche nehmen. Es riecht nach Vanille und Himbeere und zu meiner Verwunderung macht sich ein heimeliges Gefühl in mir breit.
Rosita weist mich mit einer Handbewegung an, auf der Eckbank Platz zu nehmen. Gerade überlege ich, wie ich am besten anfangen soll, da unterbricht Rosita meine Gedanken.
»Wir haben einen Samen gepflanzt, für jedes Versprechen das wir uns gaben«, fängt sie an zu erzählen. »Und mit der Zeit wurden es immer mehr.«
Ich nicke, überrascht vom plötzlichen Mitteilungsdrang der Alten. Ich versuche ihre Worte auf mich wirken zu lassen. Verstohlen sehe ich mich um.
»Was ist mit den kleinen hier, auf der Fensterbank?«, will ich wissen. »Warum blühen sie nicht?«
»Ach das ...«, die alte Frau schmunzelt.
»Da hat er mir versprochen, sich das Schnarchen abzugewöhnen.«
Vergnügt kichert sie in sich hinein. Plötzlich kann ich mir vorstellen, wie sie vor fünfzig Jahren ausgesehen haben muss, als das graue, lichte Haar noch in prachtvollen, schwarzen Locken schwer über ihre Schultern fiel.
Ich blicke mich jetzt genauer im Raum um. Überall entdecke ich kleine, verkümmerte Pflänzchen in braunen, liebevoll verzierten Töpfen zwischen hoch-

gewachsenen, teilweise blühenden Stauden. Rosita folgt meinem Blick.

»So ist das im Leben, weißt du«, erklärt mir die Dame und sieht mich mit ihren stahlblauen Augen an.

»Man hält nicht alles, was man verspricht. Aber ich liebe die kleinen Blumen genauso wie die großen, jede einzelne von ihnen. So wie ich meinen Mann auch für die leeren Versprechen, die er mir gab, liebte. Denn in den Momenten, in denen er die Samen setzte – und waren es auch nur kurze Augenblicke – hat er selbst geglaubt, sie irgendwann einmal aufblühen zu sehen. Und dafür bin ich ihm bis heute dankbar.«

Und noch während sie spricht, geht Rositas Blick irgendwo in der kleinen Stube verloren und ich kann ihre Gedanken an vergangene Tage förmlich durch den Raum tanzen sehen.

Ich höre, wie der Wind draußen sein Lied pfeift. Durch die hölzernen Fensterläden blicke ich auf die Terrasse, um deren Balken sich ein Rosenbusch schlängelt. Ihre Blätter werden bald zu welken beginnen, die Tage werden schon kürzer. Es wird Herbst. Während ich mir vorstelle, was für ein wunderschönes Ehrenwort dieser Rosenbusch wohl einmal gewesen sein mag, werde ich auf ein Knacken, ein leises Knistern, aus dem Nebenraum aufmerksam.

»Was ist das?«, will ich von Rosita wissen. Sie fährt herum, lauscht und gibt dann einen schweren Seufzer von sich.

»Die Letzte ...«, flüstert sie mit geschlossenen Augen, ganz auf das Geräusch konzentriert. Ein warmes Lächeln macht sich auf ihren Lippen breit und ich kann sehen wie sich eine Träne ihren Weg durch die tiefen Falten auf dem Gesicht der Greisin sucht.
Neugierig gehe ich auf die schwere Holztür zu, die an das Stübchen grenzt. Das Geräusch wird mit jedem Schritt deutlicher. Ich presse mein Ohr gegen das kühle Holz, kann die Laute jedoch nicht deuten. Die alte Frau rührt sich nicht von der Stelle, immer noch ein Lächeln auf den Lippen. Mit einem leisen Knarren schiebe ich die Holztür ein Stück zur Seite und spähe durch den Spalt. Mir stockt der Atem. Ein helles, leuchtendes Rosa erfüllt den Nebenraum. Eine Blüte, schöner als jede, die ich zuvor gesehen habe, reckt ihren Kopf zum Fenster, um die letzten Sonnenstrahlen des Tages zu erhaschen. Es scheint, als wüchse sie sekündlich, gestärkt von der Wärme des Sonnenlichts.
»Das ist die Letzte«, höre ich Rositas leise Stimme. Ich wende meinen Blick wieder ihr zu.
»Die Letzte?«, frage ich verwundert und sie schenkt mir ein warmes Lächeln.
»Er hat sie kurz vor seinem Tod gepflanzt, als er mir versprach, mich auf ewig zu lieben.«
Während ich wenig später den kleinen Weg zum Eichentor hinab schreite, ist auch mein Begleiter ein Lächeln.

Mit der linken Hand prüfe ich den Inhalt meiner Tasche. Viele kleine Papierfetzen füllen den Raum aus. Ich bin so glücklich wie schon lange nicht mehr.

Darryl Kiermeier

Manchmal wenn Darryl nach einem Auftritt die Bühne verlässt, sind die Leute so angetan, dass sie statt ›Kumba-jah‹ nur ›Kiermei-jah, my lord‹ singen. Das liegt dann natürlich nicht nur an seinen bunten Jogginghosen, die er stets und stolz zu tragen pflegt, sondern vermutlich auch an seiner Frisur. Diese Locken sind einfach göttlich. Aber Spaß beiseite, es geht selbstverständlich um seine Texte und die charmante Art, mit der er sie vorträgt. Knapp zwei Jahre nach seinem ersten Auftritt konnte Darryl sich den Titel des bayerischen U20-Champions sichern und ist auch heute noch sehr aktiv auf Slambühnen unterwegs. Im Schreiben hat er eine Möglichkeit gefunden, oft wirre Gedanken in Ordnung zu bringen. Sein Anspruch dabei ist nur, dass die Texte ›hübsch und gut erzogen‹ werden sollten. Dem Slam wird er wohl noch lange treu bleiben, aber mittlerweile streckt Darryl seine Fühler auch in Richtung Kabarett aus und ein erstes eigenes Buch ist ebenso in Planung.

Feiertage

Wenn in der Wohnung Ruhe herrscht
Die Atmosphäre ist entspannt
Und du im ganzen Hause
Keinen Wecker klingeln hören kannst
Wenn dich zur Abwechslung
Mal keine Zeitnot plagt
Und niemand etwas
Von Schule oder Arbeit sagt
Dann meine Freunde
Dann ist Feiertag

Und ich hasse Feiertage. Diese auf religiöser Grundlage geschaffenen Ausreden des Menschen zum Faulenzen. Wobei Feiertag in diesem Fall als Oberbegriff gemeint ist. Ich hasse generell Tage, an denen irgendwas gefeiert wird.
Und das Schlimme dabei ist nicht mal, dass jedes zweite bis dritte halbbedeutende Ereignis in der Geschichte der Geschichte an jedem dritten bis vierten Tag im Jahr zelebriert werden muss – Aber warum zum Teutates muss denn die ganze Welt zu jedem Feiertag konsumgeiler werden als Donald Trump, nachdem er die ganze Wall Street gefressen hat?

Ich weiß warum! Wegen euch!

Ja, jedes Jahr muss alles größer, geiler und mindestens doppelt so Yolo werden wie im Jahr davor. Und genau deshalb hat auch schon jeder dieser mit Celebrations-Musik unterlegten Tage seine eigene wochenlange Werbekampange, die ihm wie die vier Reiter der Apokalypse vorauseilt. Da sind Rumpralinen zwei Wochen vor dem Muttertag noch gar nichts.

Schon Mitte Januar wird man mit Valentinstagswerbung bombardiert. Der Valentinstags-Kapitalismus in Form einer roten Rose. Aber das reicht uns nicht mehr, nein. Seit Neuestem empfiehlt das öffentlich-rechtliche Fernsehen und jeder Lifestyle-Blog seinen Partner mit Sexspielzeug zu überraschen.
Geile Idee:
»Hey Baby, ich hab die ›50 Shades of Gray‹-Collectors Edition gekauft. Mit Equipment! Da sind sogar originale, am Set benutzte Liebeskugeln dabei und an der Peitsche klebt noch Blut! Wir drehen heute Abend einen richtig romantischen, Hardcore-SM-Porno!« Beate Uhse verdient an diesem Tag mehr als jeder Blumenhändler.

Und Weihnachten brauche ich als Beispiel gar nicht nennen, das versteht ihr von selbst. Wer nicht, der checkt bitte den Verlauf seines Kontoguthabens vom 01. bis zum 24. Dezember. Die Kurve dürfte ungefähr dem Aufstieg des dritten Reichs nach 1945 entspre-

chen. Aber wenn mir noch einmal irgendwer Ende Oktober einen Lebkuchen andrehen will, dann ... werde ich diesen dankend annehmen ... und ihn dann so hart damit verprügeln, dass er Silvester noch Lebkuchenabdrücke am ganzen Körper hat.
Ich hasse Feiertage!

Die Namen sind auch immer total Panne. Wer denkt sich die aus? Der in Bayern schulfreie Buß- und Bettag. Das ist ein Tippfehler! Der heißt Bus- und Betttag, weil alle Schüler am Abend davor so hart saufen gehen, dass sie am Morgen danach das Gefühl haben, von einem Bus im Bett überrollt worden zu sein.
Ich hasse Feiertage!
Ich hasse auch Feiertagsgestalten!
Ich bringe sie alle um!
»Angsthase, Pfeffernase, morgen kommt der ...«
Nein, tut er nicht!
»Advent, Advent, ein Lichtlein brennt. Erst eins, dann zwei, dann drei, dann vier, dann steht das ...«
Nein, tut es nicht!

Die beiden kommen nicht in die Wohnung, sondern in den Mixer. Lecker, Feiertags-Froop! Und um es international zu halten, kommt Santa Claus nicht durch, sondern in den Kamin, zusammen mit der italienischen Weihnachtshexe Befana. Dann hat das Ganze zur Abwechslung auch mal wirklich etwas mit Kirchengeschichte zu tun.

Aber am meisten hasse ich Feier-, Fest- und Freudentage, diese diabolischen Psychopathen, weil sie mir in ihrem Autoritätswahn vorschreiben wollen, an was für einem Tag im Jahr, ich welche Person in meinem Leben, wie sehr lieb haben muss.
Und da hasse ich besonders Geburtstage. Dass Mütter das überhaupt noch mitmachen. Absurd genug, einen Tag zu feiern, an dem man einen Einlauf bekommen hat, der Bereich zwischen Darmausgang und primärem Geschlechtsorgan riss, während man einen schleimigen Fleischklumpen aus letzterem presste.

Doch zusätzlich machen mir Geburtstage jedes Jahr wieder klar, dass es 90% der Leute 364 Tage im Jahr einen feuchten Kehricht interessiert, wie es mir geht. Wobei mir selbiges am Allerwertesten vorbeigeht, weil auch ich den Rest des Jahres nach dem Motto vorgehe ›Ihn einmal im Monat unter einem Facebookbild zu verlinken wird schon reichen, um Kontakt zu halten‹.

Das alles macht mich so wütend ich könnte schreien!
Der Leser stelle sich einen imposanten Schrei vor

Feiertage knechten uns mit Klischees zu Dingen, die wir selbst viel besser könnten und öfter tun sollten, als einmal im Jahr.
Denn meine Mutter mag gar keine Rumpralinen, sondern Bier.

Und meine Freundin mag kein Sexspielzeug, sondern Bier. Deshalb kauf ich morgen vielleicht einfach mal zwei Kästen Bier und danach ruf ich wen auch immer mal wieder an.

Und zwar einfach weil ich das Geld übrig hab und morgen Freitag ist.

Dominik Neumayr – »Ausgespielt«

Dominik Neumayr nimmt den Leser in seinem witzigen Romandebüt mit auf die Reise quer durch Deutschland und schildert dabei das Aufeinandertreffen zweier Kabarettisten, die sich näher sind, als sie sich eingestehen wollen.

9,00 € – ISBN 978-3-944000-03-9
jetzt bestellen auf **www.bp-verlagshaus.de**

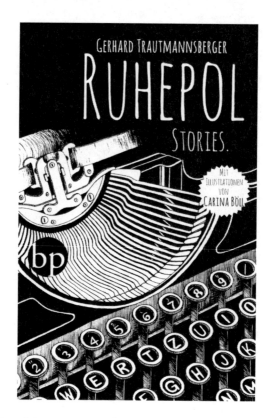

Gerhard Trautmannsberger – »Ruhepol«

13 Geschichten zwischen zwei Menschen, zwischen Liebe, Einsamkeit und Hoffnung.

13 Geschichten, die zwischen den Extremen pendeln und uns so auf unsere innere Mitte zurückführen: auf unseren Ruhepol.

Mit 13 Illustrationen von Carina Böll.

9,00 € – ISBN 978-3-944000-12-1

jetzt bestellen auf **www.bp-verlagshaus.de**

Ein Buch von
FELIX KADEN

dekadente
WORTKASKADEN

17 Slam-Texte in
erweiterter Realität

Felix Kaden – »Dekadente Wortkaskaden«

Wer nicht lesen möchte: Dieses Buch enthält erweiterte Realität.

Mithilfe eines mobilen Endgerätes tritt Felix über das Display im Buch auf eine kleine Bühne und trägt seinen Text höchst persönlich vor. Bücher lesen war gestern, Bücher schauen ist heute.

14,90 € – ISBN 978-3-000457-99-9

jetzt bestellen auf **https://tinx-verlag.jimdo.com**

Meike Harms – »Poesie kann Karate«
»Chuck Norris macht aus nichts Poesie.
Doch Poesie macht sich nichts aus Chuck Norris.«
Ein emotionales Bestiarium auf 104 Seiten in Farbe.
Mit Illustrationen von Andrea Graf
14,90 € – ISBN 978-3-9817691-0-4
jetzt bestellen auf **https://tinx-verlag.jimdo.com**